सुपर जीनियस कंप्यूटर लर्नर 8

मनुज बजाज • **अनिल अहलावत**

बी.ई. बी.ई.

इंजीनियरिंग कॉलेज, दिल्ली पुणे यूनिवर्सिटी

भूमिका

प्रो. बी.पी. खण्डेलवाल

पूर्व चेयरमैन, सी.बी.एस.ई.

प्रभात प्रकाशन

प्रस्तावना

कंप्यूटर ही जीवन है—यह वाक्य अतिशयोक्ति नहीं कहा जाएगा; क्योंकि कंप्यूटर ने आज हमारे जीवन में एक अभिन्न स्थान बना लिया है। बैंकों से लेकर अस्पताल तक और घर से लेकर रेलवे स्टेशन तक, सभी जगह कंप्यूटर हमारा जीवन आसान करने में लगा है। आज हम सुबह उठने से लेकर देर रात सोने तक किसी-न-किसी तरह कंप्यूटर से जुड़े रहते हैं। इसके उदाहरण हैं—ई-मेल, मोबाइल फोन, ए.टी.एम. इत्यादि। आज टी.वी., रेडियो, कार, मौसम की जानकारी, बैंक कार्य, शिक्षा, खरीददारी, सीमाओं की रक्षा, मनोरंजन, स्वास्थ्य, यात्रा आदि लगभग सभी कार्य कंप्यूटर की सहायता से हो रहे हैं। इसलिए यह आवश्यक हो जाता है कि हम सभी कंप्यूटर के बारे में जानें, उस पर बेहतर कार्य करने के तौर-तरीके सीखें।

रटे-रटाए तरीकों से हम परीक्षाएँ तो पास कर सकते हैं, लेकिन कंप्यूटर को बेहतर ढंग से नहीं समझ सकते। यह गणित की भाँति है, अतः कंप्यूटर के सूत्र सीखकर हम इस पर तरह-तरह के रचनात्मक कार्य कर सकते हैं। इसी बात को ध्यान में रखकर यह **'सुपर जीनियस कंप्यूटर लर्नर'** शृंखला भाग 1 से 8 तक तैयार की गई है। हमारा उद्देश्य है कि प्रत्येक विद्यार्थी स्वयं कार्य करे और कंप्यूटर पर बेहतर ढंग से सभी एप्लीकेशंस को चलाना सीखे। विद्यार्थी जितना ज्यादा समय प्रायोगिक कार्य करेंगे, एप्लीकेशन को बेहतर ढंग से चलाना सीख पाएँगे। अतः इस पुस्तक में प्रायोगिक ज्ञान पर ज्यादा जोर दिया गया है। विभिन्न प्रोग्राम तथा उनके स्क्रीन देने से पुस्तक का महत्त्व बहुत बढ़ गया है। इनमें तो सीधे-सीधे यह समझाया गया है कि कंप्यूटर से क्या-क्या कार्य किए जा सकते हैं तथा किस प्रकार से कार्यों को बेहतर और त्वरित गति से किया जा सकता है। गहन अनुसंधान के बाद हमने यह पाठ्यक्रम तैयार किया है और उसका परिणाम आपके हाथों में है। हमें आशा ही नहीं, वरन् पूर्ण विश्वास है कि इन पुस्तकों से आप जो सीखेंगे, वह जीवन भर आपके लिए उपयोगी सिद्ध होगा।

—लेखकद्वय

प्रकाशक • **प्रभात प्रकाशन प्रा. लि.**
4/19 आसफ अली रोड,
नई दिल्ली-110002

संस्करण • 2026
मूल्य • तीन सौ पचास रुपए
मुद्रक • नरुला प्रिंटर्स, दिल्ली

SUPER GENIUS COMPUTER LEARNER-8
by Manuj Bajaj & Anil Ahlawat ₹ 350.00
Published by Prabhat Prakashan Pvt. Ltd, 4/19 Asaf Ali Road, New Delhi-2
e-mail: prabhatbooks@gmail.com ISBN 978-81-7315-930-5

भूमिका

आधुनिक युग के विकास में कंप्यूटर का अतुलनीय योगदान है। आज किसी भी क्षेत्र में कंप्यूटर की उपस्थिति अनिवार्य रूप में देखी जा सकती है। हमारे रोजमर्रा के लगभग सभी कार्य कंप्यूटर पर निर्भर हैं। बैंक का लेन-देन, रेल टिकट, ए.टी.एम. सेवा, मोटरकार व हवाई जहाज नियंत्रण, पुस्तक-प्रकाशन, दस्तावेज तैयार करना, फोटो, फिल्म व संगीत से जुड़े कार्य, कक्षा में पढ़ाई करना इत्यादि सभी कार्य कंप्यूटर की मदद से सरलता से, तेजी से और त्रुटिहीनता के साथ पूरे हो जाते हैं। यही कारण है कि आज के युग को 'कंप्यूटर का युग' कहा जाता है।

विज्ञान, तकनीकी, शोध, चिकित्सा, प्रौद्योगिकी, उड्डयन, संचार एवं शिक्षा के साथ-साथ कंप्यूटर ने कृषि के क्षेत्र में भी अहम भूमिका निभाई है। कंप्यूटर क्रांति ने विश्व को एकसूत्र में बाँध दिया है। इंटरनेट ने तो कंप्यूटर के प्रचार-प्रसार में और भी बड़ी भूमिका निभाई है। इंटरनेट के माध्यम से आज एक 'क्लिक' करके हम दुनिया के किसी भी कोने में पहुँच सकते हैं। इंटरनेट टेलीफोनी और इ-मेल ने संचार क्रांति को पंख लगा दिए हैं। इंटरनेट टेलीफोनी से हम लगभग नि:शुल्क दुनिया के किसी भी कोने में टेलीफोन की तरह बात कर सकते हैं। 'चैट' के जरिए 'लाइव' बातचीत की जा सकती है।

कंप्यूटर का विकास जिस द्रुत गति से हुआ है, उतना संभवत: दूसरा किसी का नहीं हुआ। आम बोलचाल की भाषा में कहें तो आज हर वस्तु का कंप्यूटरीकरण हो गया है। कंप्यूटर ने हर क्षेत्र को एक नया आयाम दे दिया है। कंप्यूटर के पास हमारे सभी प्रश्नों के उत्तर हैं।

कंप्यूटर-जगत् का विकास और विस्तार अंग्रेजी के माध्यम से आरंभ हुआ। अत: पठन-पाठन सामग्री भी अंग्रेजी में विकसित हुई। क्रमागत विकास के साथ-साथ विभिन्न देशों में विभिन्न भाषाओं में कंप्यूटर की शिक्षा दी जाने लगी है। इससे शिक्षार्थी कई भाषाओं में क्षमता विकसित कर रहे हैं।

हिंदी भाषा में इसे अपनाने के लिए आधारिक पाठ्यपुस्तकों का अभाव लग रहा था। अत: इस शृंखला द्वारा विद्यालयों में शुरू से ही हिंदी माध्यम से पढ़ने और अभ्यास द्वारा क्रमागत जानकारी देने का यह एक सराहनीय प्रयास हुआ है। इससे हिंदी-जगत् की एक बड़ी कमी की प्रतिपूर्ति हुई है। सरल भाषा में जानकारी उपलब्ध कराने से कंप्यूटर प्रयोग के ज्ञान और कौशल का विकास भविष्य में अनेकानेक लाभकारी व्यापक कार्यक्षेत्रों की उपलब्धि कराएगा। इसी पृष्ठभूमि में कंप्यूटर की कक्षा 1 से 8 तक के लिए अत्यंत सार्थक एवं उपयोगी शृंखला प्रकाशित हो रही है। यह प्रशंसनीय पहल है। इस शृंखला की पुस्तकों में भाग एक के कंप्यूटर की आरंभिक जानकारी दी गई है। इसके बाद के भागों में क्रमश: सॉफ्टवेयर, हार्डवेयर, सीडी, माइक्रोसॉफ्ट, पावर पॉइंट, फोटो शॉप, मूवी एडिटिंग सॉफ्टवेयर, ऑपरेटिंग सिस्टम, इंटरनेट, इ-मेल इत्यादि की जानकारी दी गई है, साथ ही इनके साथ कार्य करना इतनी सरलता से सिखाया गया है कि आप बिना किसी की सहायता के इन्हें स्वयं सीख सकते हैं। कोई विद्यार्थी इससे स्वयं भी सीख सकता है।

आशा ही नहीं, पूर्ण विश्वास है कि यह पुस्तक शृंखला कंप्यूटर अध्ययन और उसके 'मास्टर' बनने में अत्यंत उपयोगी सिद्ध होगी। साथ ही, इससे आम पाठक भी लाभान्वित हो सकेंगे।

—प्रो. बी.पी. खंडेलवाल

पूर्व चेयरमैन, सी.बी.एस.ई. एवं

शिक्षा निदेशक, उत्तर प्रदेश

विषय-सूची

माइक्रोसॉफ्ट ऑफिस

अध्याय 1 : प्री-प्रिंटेड स्टेशनरी का प्रयोग 5

अध्याय 2 : एक्सेल में फंक्शंस 11

अध्याय 3 : एक्सेल में फॉर्मूला 18

अध्याय 4 : एक्सेल 2003 में एडवांस चार्ट बनाना 29

विजुअल बेसिक

अध्याय 5 : विजुअल बेसिक 6.0 के साथ आरंभ 35

अध्याय 6 : आपका पहला विजुअल बेसिक प्रोग्राम 40

अध्याय 7 : वी.बी. से घड़ी बनाना 49

अध्याय 8 : क्लॉक एप्लीकेशन के साथ मस्ती 56

फ्लैश

अध्याय 9 : फ्लैश में ड्राइंग और पेंटिंग 64

अध्याय 10 : सिंबल्स और इंस्टेंसेज 86

अध्याय 11 : मूवी क्लिप सिंबल बिहैवियर 96

अध्याय 12 : फ्लैश में लेयर 119

इ-मेलिंग (एडवांस्ड)

अध्याय 13 : एड्रेस बुक मैनेजमेंट 129

उत्तरमाला : 136

1 फ्लैश में बटन बनाना

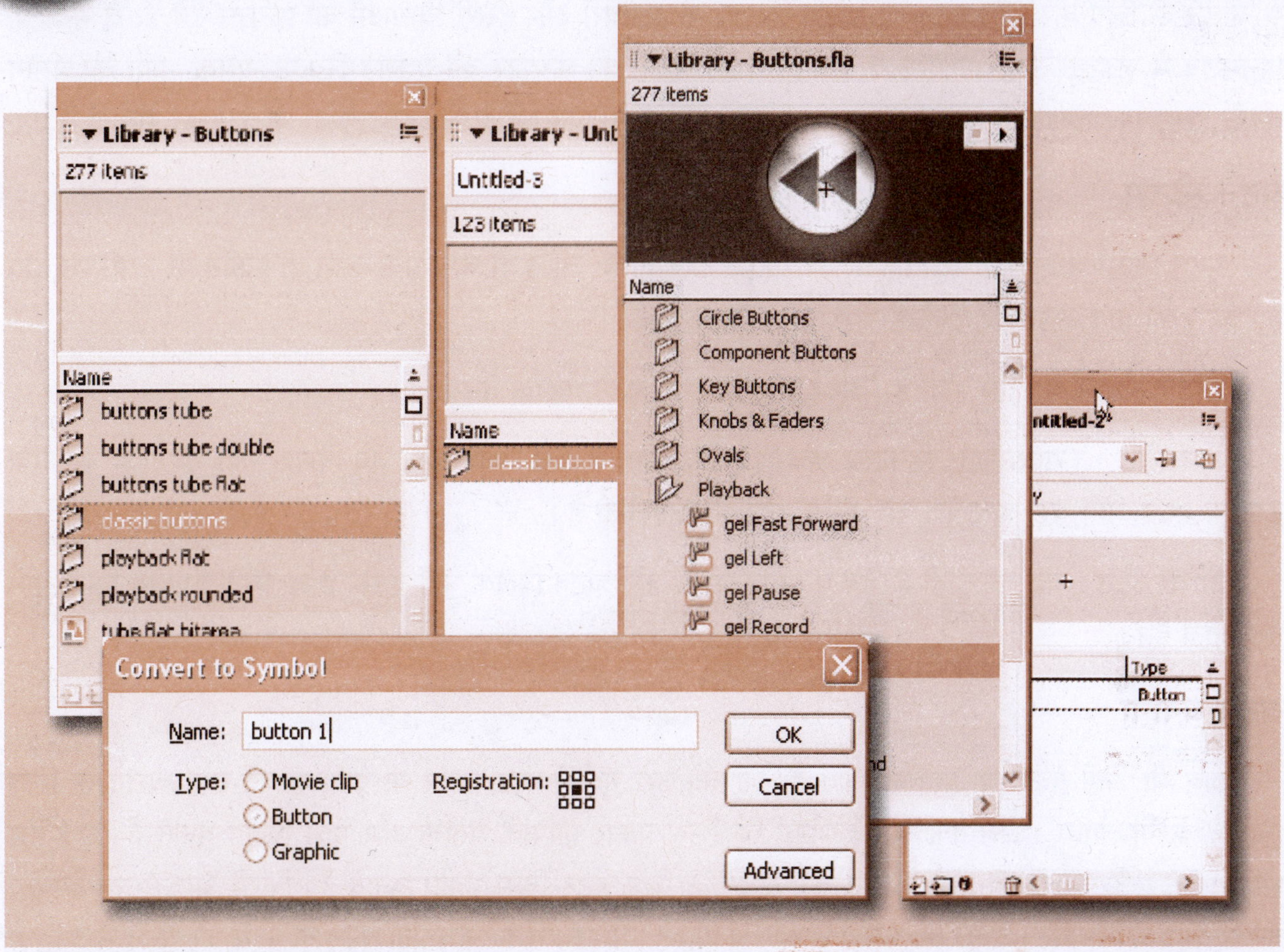

यूजर के क्लिक करने के लिए बटन बनाना

आपने पिछली कक्षा में फ्लैश के बारे में पढ़ा था। आपने पढ़ा था कि किस प्रकार ड्रॉइंग टूल का उपयोग करके प्रतिबिंब (Image) बनाते हैं और किस प्रकार उन आकारों (shape) को चिह्नों (symbols) में परिवर्तित करते हैं। आप फ्लैश के मूल कार्यकलाप जानते हैं। अब हम अगले चरण की ओर बढ़ सकते हैं, जो कि **इंटरएक्टिविटी** है।

हम अकसर इंटरएक्टिविटी शब्द का उपयोग दैनिक जीवन में करते हैं। क्या आप बता सकते हैं, इस शब्द का अर्थ क्या है ? इंटरएक्टिविटी की उत्पत्ति दो शब्दों 'इंटर' (किसी दूसरे से जुड़ा हुआ) और 'एक्टिविटी' से मिलकर हुई है। साधारण एनिमेशन को इंटरएक्टिविटी से काफी प्रभावपूर्ण बनाया जा सकता है। उदाहरण के लिए, इसमें वह एलीमेंट जोड़ना जिसके द्वारा यूजर इंटरएक्टिविटी द्वारा एनिमेशन में जुड़ सकता है और इसका हिस्सा बन सकता है। फ्लैश एनिमेशन को किसी दूसरी क्रिया से जोड़ने का सबसे सरल तरीका इसमें बटन बढ़ाना है। इस प्रकार, यूजर एक एनिमेशन को शुरू करने और रोकने के लिए अपनी इच्छानुसार बटनों को क्लिक करके जब चाहे जुड़ या अलग हो सकता है।

बटन क्या है?

जैसा कि आपने पहले पढ़ा है, बटन एक प्रकार का चिह्न है, जिसका प्रयोग एनिमेशन को किसी दूसरी क्रिया से जोड़ने के लिए करते हैं। बटन जो माउस क्लिक, रोलओवर्स और दूसरी क्रियाओं का प्रत्युत्तर देते हैं, वे मूवी या एनिमेशन में जुड़कर उन्हें इंटरएक्टिव बनाते हैं। इन बटनों को कंप्यूटर की एक्शन स्क्रिप्ट नामक भाषा का प्रयोग करके तैयार किया जाता है। बटन का प्रयोग करके यूजर एनिमेशन को अपनी इच्छानुसार कंट्रोल कर सकता है।

बटन स्टेटस

बटन स्टेटस बटन के दूसरे विजुअल वर्जन को दरशाती हैं, जो यूजर के संपर्क करते ही स्क्रीन पर उपस्थित होते हैं। बटन की तीन अवस्थाएँ होती हैं—

डाउन स्टेट : यह तब होती है, जब यूजर माउस से बटन क्लिक करता है।

अप स्टेट : (साधारणत: डिफाल्ट अवस्था) तब होती है जब यूजर बटन को क्लिक नहीं करता है या बिना उपयोग किए आगे बढ़ जाता है। यह नॉर्मल स्टेट भी कहलाती है।

ओवर स्टेट : यह तब होती है जब यूजर माउस से कोई बटन क्लिक नहीं करता है या बिना उपयोग किए आगे बढ़ जाता है।

बटन बनाना

जब भी आप एक नया प्रतीक बनाते हैं, आपको उसे मूवी क्लिप, बटन या ग्राफिक की तरह चलने के लिए निर्दिष्ट करना चाहिए। अब तक आपने सीखा कि किस प्रकार ग्राफिक प्रतीक और मूवी क्लिप बनाते हैं। अब हम सीखेंगे कि फ्लैश में किसी दूसरे एक्शन को जोड़ने के लिए बटन किस प्रकार बनाते हैं। किसी आकार का उपयोग करके बहुत कठिन बटन बनाने को फ्लैश आसान बनाता है। वास्तव में बटन बनाना बटन के काम को चुनने से अधिक कठिन नहीं है।

बटन बनाने के लिए निम्नलिखित स्टेप्स उठाइए—

1. एक **नई** फाइल में एक अंडाकार या चतुर्भुज खींचिए, वह आपका बटन हो जाएगा। निम्नलिखित प्रॉपर्टीज को चुनिए।

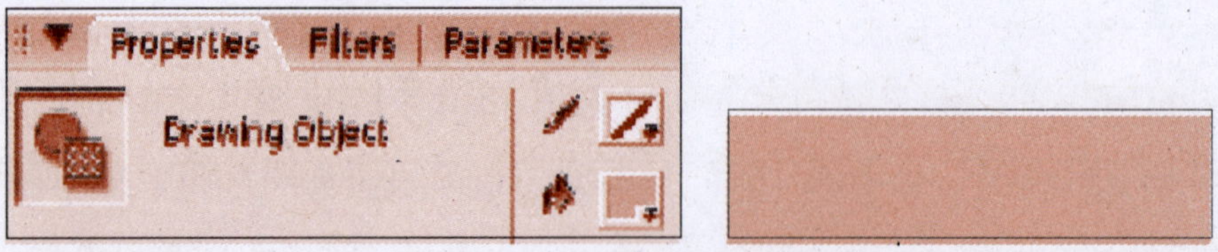

2. पूरे आकार को चुनने के लिए **Selection** टूल का उपयोग करिए।

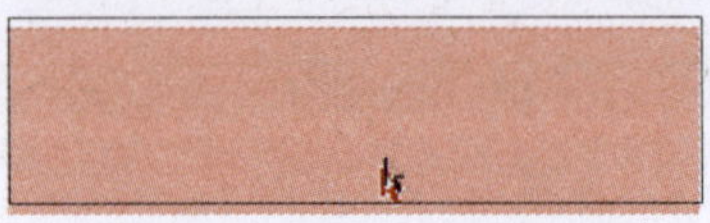

3. एक चिह्न को आकार में परिवर्तित करने के लिए **Modify>Convert to Symbol** या F8 दबाकर चुनिए। इससे **Convert to Symbol** डायलॉग बॉक्स खुल जाता है।

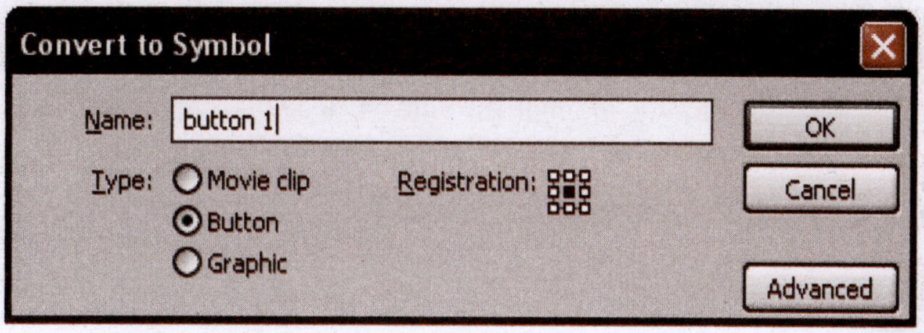

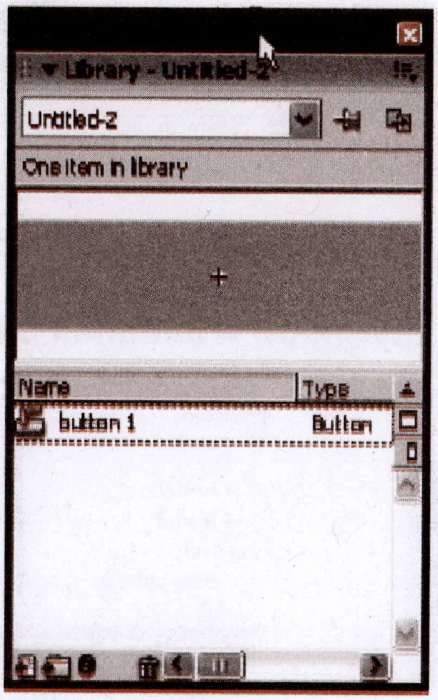

4. चिह्न को ''बटन'' का नाम दीजिए और **Type** विकल्प में बटन बिहेवियर चुनिए और **OK** क्लिक करिए। आपका बटन तैयार है और लाइब्रेरी में प्रदर्शित होगा।

5. इस बटन का आकार बढ़ाने के लिए **Properties** Panel > **Filters** > Tab और **"Bevel"** विकल्प चुनिए। बटन का आकार जैसा चित्र में दिखाया गया है, बदल जाएगा।

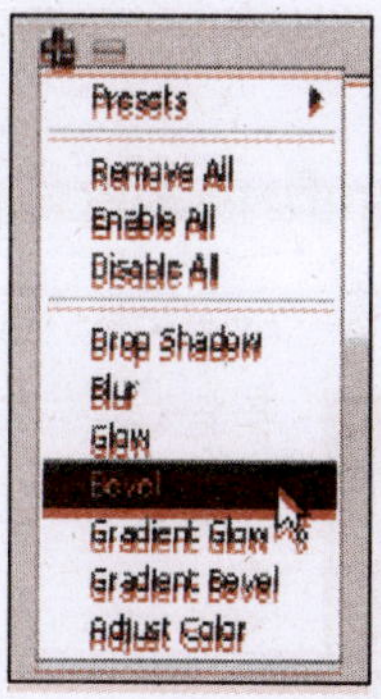

6. अपनी मूवी का परीक्षण **Control > Test Movie** का उपयोग करके या **Ctrl + Enter** दबाकर करिए और ध्यान दीजिए, जब आप इसके बटन पर रखते हैं, किस प्रकार आपका माउस कर्सर बदलता है।

क्या आप जानते हैं ?

क्या आप जानते हैं कि बटन की डाउन, अप और ओवर अवस्थाएँ क्या हैं ? बटन की एक और रोचक अवस्था है—हिट अवस्था। बहुधा मूवी में हम बटन का उपयोग करते हैं तो देखते हैं कि बटन का कुछ हिस्सा क्लिक करने योग्य है। उदाहरण के लिए, Rollover प्रभाव बटन के केवल विशिष्ट हिस्से के लिए लक्षित होता है। यह अवस्था बटन की हिट अवस्था कहलाती है और वह क्षेत्र, जहाँ प्रभाव दिखाया जाता है, बटन का हॉट क्षेत्र कहलाता है। उदाहरण के लिए—मान लीजिए, आप एक बटन को दरवाजे के आकार जैसा बनाना चाहते हैं, लेकिन चाहते हैं कि Rollover प्रभाव तभी हो, जब यूजर माउस को दरवाजे की नॉब पर लाए। इस प्रकार की स्थिति में आप बटन की हिट अवस्था का प्रयोग करते हैं।

क्विक टिप : प्रोफेशनल लुकिंग बटन बनाएँ

एक नया बटन बनाने के स्थान पर आप अपनी मूवी में सीधे पूर्व रचित प्रोफेशनल लुकिंग बटन प्रविष्ट करा सकते हैं।

अपनी मूवी/एनिमेशन में पूर्व निर्मित बटन जोड़ने के लिए निम्नलिखित स्टेप्स लीजिए—

1. **Window > Common Libraries > Buttons** पर क्लिक करिए।

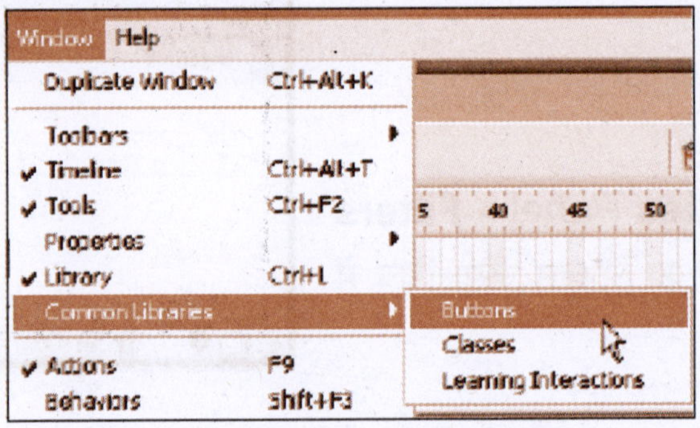

2. बटन की एक लाइब्रेरी स्क्रीन पर उपस्थित होती है। इस लाइब्रेरी में सैकड़ों पूर्व निर्मित बटन सम्मिलित होते हैं।

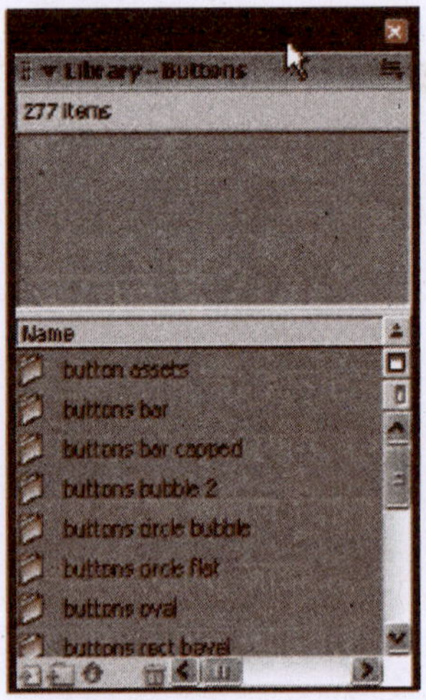

3. पूर्व निर्मित बटन लाइब्रेरी से **classic buttons** को अपनी लाइब्रेरी में खींचिए।

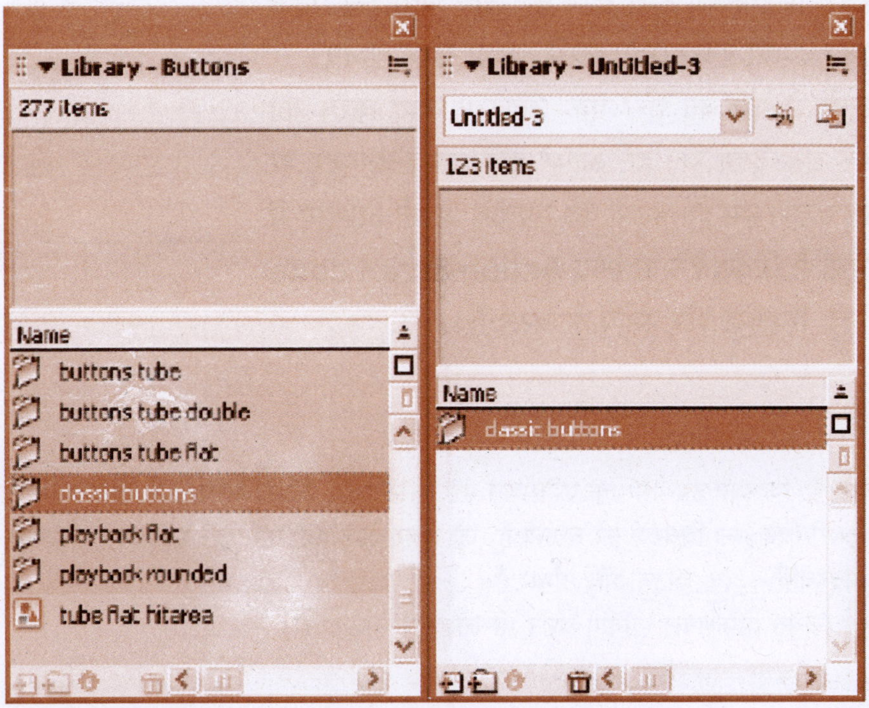

4. इसके उपभाग को दिखाने के लिए **classic buttons** फोल्डर को डबल क्लिक करिए। इसके बाद उपलब्ध बटन देखने के लिए दोबारा **Playback** फोल्डर पर डबल क्लिक करिए।

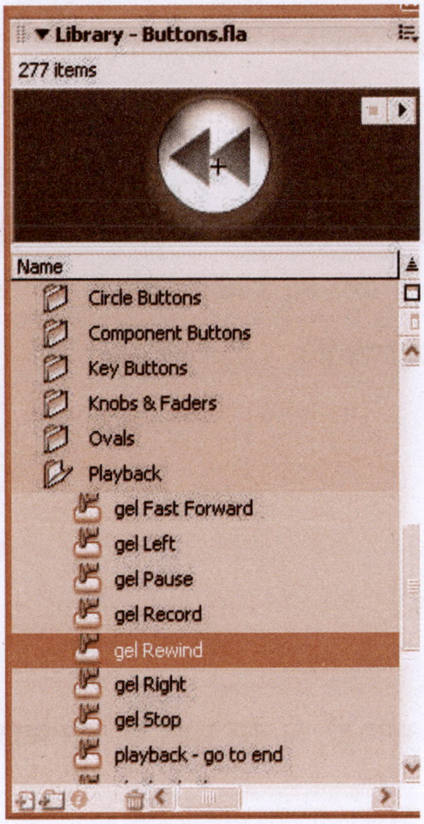

5. लाइब्रेरी से आप **gel Rewind, gel Right** और **gel Stop** बटन स्टेज पर खींचिए। आप लाइब्रेरी में उपलब्ध दूसरे बटन की खोज जारी रख सकते हैं। इनमें से कार्य के लिए अपनी इच्छानुसार सबसे अच्छा बटन चुनिए।

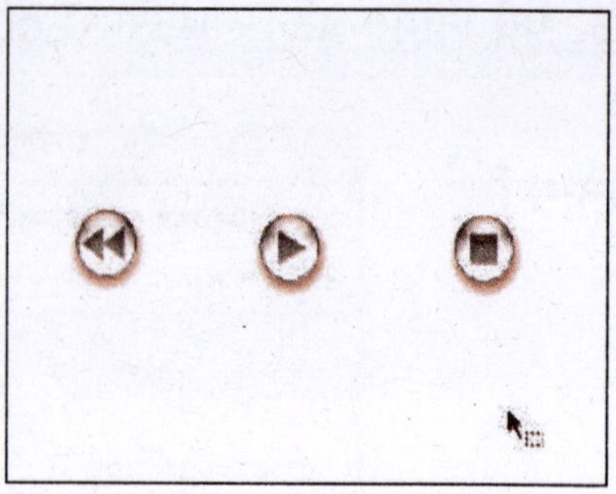

क्या आप इन बटनों से परिचित हैं? एक उदाहरण याद करने की कोशिश करिए, जहाँ आपने इन्हें देखा हो। हाँ, आपने इन्हें अपने कंप्यूटर पर संगीत/मूवी प्ले करते समय देखा। हम इन बटनों का उपयोग अगले अध्याय में करेंगे और उनको अपनी मूवी में निर्देश देने के लिए Action Script code देंगे, जो कि एक मूवी में प्ले, रिवाइंड और स्टॉप के बटन हैं।

याद रखें

1. बटन एक प्रकार का चिह्न है, जिसका उपयोग एक एनिमेशन को किसी दूसरे इंटरएक्टिविटी से जोड़ने के लिए करते हैं।
2. बटन स्टेटस बटन की दूसरी विजुअल विवरण को बताती है, जो यूजर के संपर्क करते ही स्क्रीन पर उपलब्ध होती है।
3. बटन की तीन संयुक्त अवस्थाएँ—अप, डाउन और ओवर हैं।
4. आपकी मूवी में एक पूर्व निर्मित प्रोफेशनल लुकिंग बटन भी जोड़ा जा सकता है।

अभ्यास

(अ) रिक्त स्थान भरो—

1. यूजर बटन को माउस से क्लिक करता है तो बटन की अवस्था······कहलाती है।
2. ······बटन की डिफाल्ट अवस्था होती है, जो तब होती है जब यूजर माउस से क्लिक नहीं करता या बिना उपयोग किए आगे बढ़ जाता है।
3. बटन पर क्लिक करने योग्य क्षेत्र को परिभाषित करने के लिए बटन की अवस्था······कहलाती है।
4. बटन की यह अवस्था तब होती है जब यूजर माउस से बटन का उपयोग करता है,······कहलाती है।
5. डायलॉग बॉक्स में उपस्थित चिह्नों को······चुनकर बदलते हैं।

(ब) निम्नलिखित प्रश्नों का उत्तर दीजिए—

1. इंटरेक्टिविटी क्या है?
2. बटन क्या है?
3. बटन की सभी अवस्थाओं या स्टेटस का वर्णन करिए।
4. बटन बनाने के लिए स्टेप्स लिखिए।
5. क्या पूर्व निर्मित बटन मूवी में प्रयुक्त हो सकता है? अगर हाँ, तो उस स्थान का नाम बताएँ, जहाँ फ्लैश में पूर्व निर्मित बटन का संग्रह होता है?

बहुविकल्पीय प्रश्न

निम्न विकल्पों में से सही विकल्प पर (✔) निशान लगाएँ।

1. **जब यूजर माउस से बटन क्लिक करता है तो बटन की अवस्था कहलाती है.......**

   अ. डाउन अवस्था   ब. अप अवस्था

   स. ओवर अवस्था   द. इनमें से कोई नहीं

2. **.........बटन की डिफाल्ट अवस्था है, जो तब होती है जब यूजर माउस से बटन क्लिक नहीं करता या बिना उपयोग करे आगे बढ़ जाता है।**

   अ. डाउन अवस्था   ब. अप अवस्था

   स. ओवर अवस्था   द. इनमें से कोई नहीं

3. **जब यूजर माउस को बटन के पास लाता है तो बटन की वह अवस्था कहलाती है—**

   अ. डाउन अवस्था   ब. अप अवस्था

   स. ओवर अवस्था   द. इनमें से कोई नहीं

4. **निम्नलिखित को जोड़ने से मूवी में gel Fast forward, gel Right और gel Stop बटन जोड़ सकते हैं।**

   अ. InbuiltLibrary>Classicbuttons>transportedtopersonalLibrary>Playback

   ब. Personal Library>Classic buttons>transported to personal Library>Playback

   स. Inbuilt Library>Classic buttons>transported to personal Library>Key buttons

   द. इनमें से कोई नहीं

2 फ्लैश में एक्शन स्क्रिप्ट

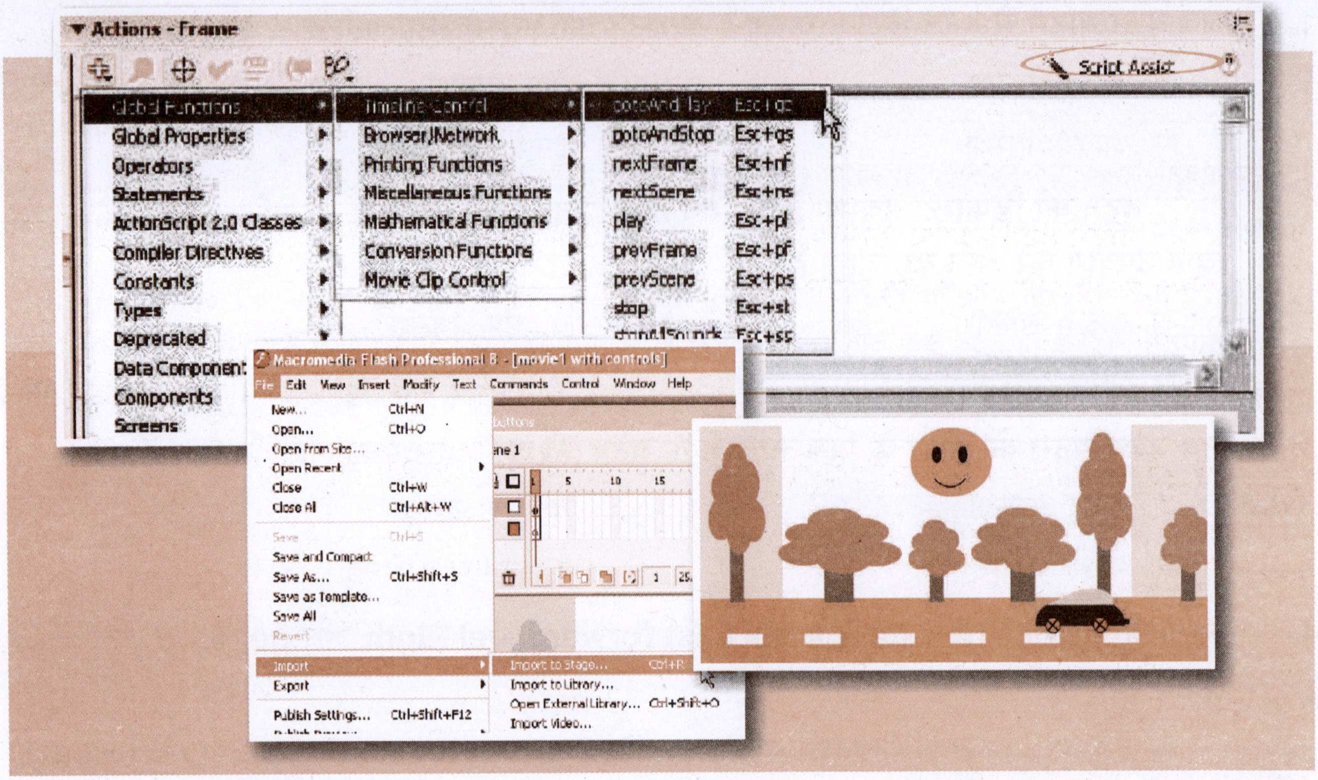

एक्शन स्क्रिप्ट

जब भी हम एनिमेशन या मूवी में बटन जोड़ते हैं तो इसको एक स्क्रिप्ट निर्धारित करनी होती है। स्क्रिप्ट वह निर्देश होता है जो बटन या फ्रेम को मूवी या एनिमेशन मूवी क्लिप में दिया जाता है। सबसे सरल स्तर पर यह बताते हैं कि जब एक यूजर इससे संपर्क करता है या जब फ्रेम पहुँचता है या जब एक मूवी क्लिप लोड की जाती है तो एक बटन को किस प्रकार का बिहेवियर करना चाहिए। बटन या फ्रेम या क्लिप को यह निर्देश एक भाषा का प्रयोग करते हुए दिया जाता है, जिसे **एक्शन स्क्रिप्ट** कहते हैं।

फ्लैश में जिस प्रोग्रामिंग लैंग्वेज का प्रयोग करते हैं, वह एक्शन स्क्रिप्ट कहलाती है। किसी दूसरी प्रोग्रामिंग लैंग्वेज की भाँति ही एक्शन स्क्रिप्ट में भी आप निर्देश लिख सकते हैं, जिनका अनुसरण करके आपकी मूवी बिना एक्शन स्क्रिप्ट के हर बार एक तरह ही चलेगी।

इंटरेक्टिविटी निर्मित करने के लिए अर्थात् अगर आप चाहते हैं कि यूजर मूवी को स्टॉप या स्टार्ट कर सके, आपको एक एक्शन स्क्रिप्ट की आवश्यकता होती है।

पिछले अध्याय में आपने सीखा कि बटन कैसे बनाते हैं। इस अध्याय में आप उन बटनों को एक्शन स्क्रिप्ट से जोड़ना सीखेंगे, जिससे जब यूजर बटन पर क्लिक करे तो कुछ क्रिया हो। भाषा का विषय बहुत ही विस्तृत है। इस

अध्याय में हम इसका पूरा वर्णन नहीं कर सकते हैं, बल्कि मूल संकल्पना और स्क्रिप्टिंग के प्रारूपिक प्रयोग का वर्णन करेंगे। इस प्रकार आप एक अच्छी नींव का निर्माण करेंगे, जिस पर आप अपनी गति से आगे बढ़ सकते हैं। किसी भी स्थिति में एक्शन स्क्रिप्ट के निर्माण में आपको पहले से किसी प्रोग्रामिंग लैंग्वेज जानने की अवश्यकता नहीं है।

नोट : एक्शन स्क्रिप्ट—आसान या कठिन ?

एक बटन को दिए गए निर्देश बहुत आसान हो सकते हैं, जैसे स्टॉप एक्शन मूवी को आगे चलने से रोकता है या वह निर्देश बहुत जटिल एक्शन स्क्रिप्ट में जोड़ सकते हैं, जो परिस्थिति का मूल्यांकन करे और उसके कंडीशन के अनुसार संपादन करे।

एक्शन स्क्रिप्ट का प्रयोग करना

स्क्रिप्टिंग निर्देशों को लिखने से अधिक कुछ भी नहीं है। प्रत्येक निर्देश फ्लैश को कुछ अति विशिष्ट बनाता है ; उदाहरण के लिए प्ले, स्टॉप आदि। आपकी सभी एक्शन स्क्रीप्टिंग एक्शन पैनल पर टाइप होती हैं। एक्शन पैनल को खोलिए और जैसा हमने बताया है, उसका अनुसरण करिए। **Window > Action** पर क्लिक करिए या **F9** दबाइए।

चेतावनी

एक बटन को दिए गए निर्देश बहुत आसान हो सकते हैं, जैसे स्टॉप एक्शन मूवी को आगे चलने से रोकता है या वह निर्देश बहुत जटिल एक्शन स्क्रिप्ट में जोड़ सकते हैं, जो परिस्थिति का मूल्यांकन करे और उसके कंडीशन के अनुसार संपादन करे।

एक्शन इंसर्ट करना

एक्शन स्क्रिप्ट जोड़ने का एक आसान उपाय फ्लैश में पूर्व निर्मित एक्शन का प्रयोग करना है। **Actions** पैनल के **Add Statement (+) बटन** से स्क्रिप्ट की जा सकती है। यहाँ आप उन सभी क्रियाओं को पाएँगे जिनको उनके ऊपर साधारण क्लिक करके जोड़ा जा सकता है। क्रियाओं को जोड़ने की यह विधि code को हाथ से टाइप करने से अधिक आसान और तीव्र है।

अतिरिक्त जानकारी : स्क्रिप्ट असिस्ट

आरंभ में अगर आपको एक्शन स्क्रिप्ट कोड या सिंटेक्स लिखने में असुविधा होती है तो आप एक्शन पैनल **(Window > Actions)** में स्क्रिप्ट असिस्ट मोड **(Script Assist mode)** का उपयोग सकते हैं। स्क्रिप्ट असिस्ट एक्शन पैनल में चयन द्वारा स्क्रिप्ट लिखने के लिए उपयोगी है और टेक्स्ट फील्ड में स्वत: निर्मित स्टेटमेंट को स्क्रिप्ट पैन में भरता है। यह फ्लैश में एक्शन स्क्रिप्ट लिखने का सबसे सरल तरीका है।

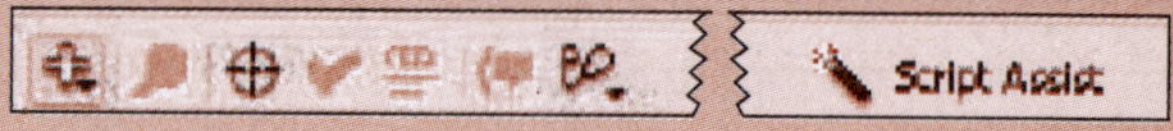

हम एक्शन स्क्रिप्ट इवेंट्स को प्रत्युत्तर देने के लिए लिखते हैं। इन इवेंट्स का तीन श्रेणियों में समूह बना सकते हैं—**माउस और कीबोर्ड इवेंट्स, क्लिप इवेंट्स, फ्रेम इवेंट्स**।

हम मुख्यत: बटन के उपयोग से साधारण एक्शन स्क्रिप्ट लिखना सीखेंगे, जिससे विषय आसान और मजेदार होगा। हम टाइमलाइन कंट्रोल (Timeline control) में केवल आसान एक्शन का प्रयोग करेंगे। यह सभी स्क्रिप्ट बटन, फ्रेम और मूवी क्लिप में जोड़ी जा सकती है। उदाहरण के लिए—

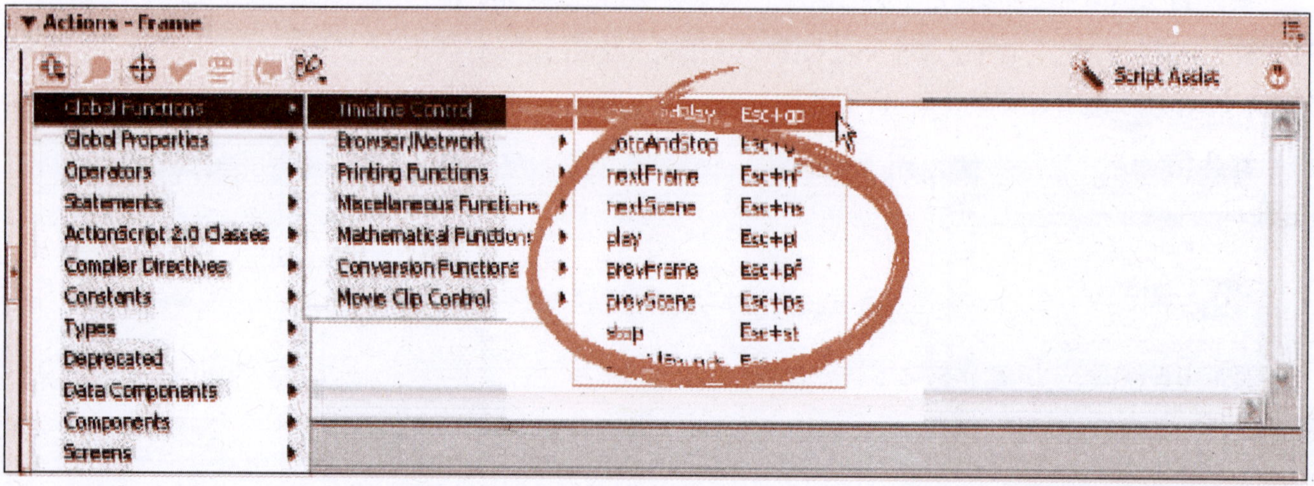

1. आप फ्रेम 10 पर एक कीफ्रेम (keyframe) जोड़ सकते हैं और F9 दबाकर एक्शन में जाइए और स्क्रिप्ट स्टॉप (stop ()) सौंपिए। यह प्लेहेड (playhead) को रोक देगा, जब प्लेहेड फ्रेम 10 पर पहुँचेगा।
2. आप यह स्क्रिप्ट एनिमेशन के आखिरी फ्रेम पर एक कीफ्रेम जोड़कर लिख सकते हैं (अगर यह पहले से उपलब्ध नहीं है)।

गो टू ऐंड स्टॉप (goto AndStop (1);)

इसका अर्थ यह है कि जब प्लेहेड आखिरी फ्रेम पर पहुँचेगा तो यह तुरंत फ्रेम संख्या 1 पर उछलकर पहुँच जाएगा। यहाँ आपने ऑटोमेटिक रिवाइंड के लिए स्क्रिप्ट लिखी है।

गो टू ऐंड प्ले (goto AndPlay (1);)

यह पहले फ्रेम पर पहुँचेगा और दोबारा प्ले करना शुरू कर देगा। आपने एनिमेशन के ऑटोमेटिक लूपिंग फीचर (Automaticlooping Feature) के लिए स्क्रिप्ट लिखी है।

आप एनिमेशन के दूसरे हिस्सों को नियंत्रित कर सकते हैं, जैसे एक एनिमेशन मूवी क्लिप को प्ले और स्टॉप करना आदि। आप इसको **इंस्टेंस नेम के बाद एक डॉट (.) और उसके बाद स्क्रिप्ट निर्देश लिख कर टाइप कर सकते हैं।** आपको सदैव निर्देश का अंत **सेमीकॉलन (;)** के साथ करना चाहिए। अर्थात् अगर आप चाहते हैं कि एक चलती हुई कार का एनिमेशन रुक जाए, आपको मूवी क्लिप को एक इंस्टेंस नाम देना चाहिए, जैसे कार या जो भी आप चाहें और उसके बाद car.stop(); लिखिए।

सिंबल डेप्थ (symbol depth)

हम पहले से ही जानते हैं कि चिह्नों को दूसरे चिह्नों से जोड़ सकते हैं। उदाहरण के लिए, एक मूवी क्लिप **(mc1)** को दूसरी मूवी क्लिप **(mc2)** से जोड़ सकते हैं, जो कि एक और दूसरी मूवी क्लिप इंस्टेंस **(mc3)** में भी जोड़ी जा सकती है।

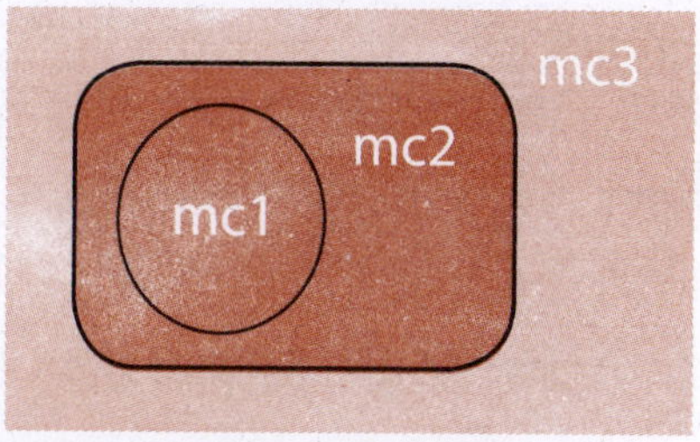

हमें इन सिंबल इंस्टेंस की क्रिया को किस प्रकार लिखना चाहिए?

आपको प्रत्येक इंस्टेंस को नाम देना चाहिए जिसका प्रयोग इस उदाहरण में एक्शन स्क्रिप्ट (mc1, mc2, एवं mc3) में होगा और आपको सदैव मूवी क्लिप के सबसे बाहरी इंस्टेंस से सबसे भीतरी इंस्टेंस की तरफ शुरू करना चाहिए। उदाहरण के लिए—

मूवी क्लिप 1 के लिए स्क्रिप्ट : क्लिप की डेप्थ के संबंध में, मूवी क्लिप जब 1 सबसे बाहरी है तो सामान्यत: स्क्रिप्ट इस प्रकार लिखिए—

mc1.play();

मूवी क्लिप 2 के लिए स्क्रिप्ट : क्लिप्स की डेप्थ के संबंध में मूवी क्लिप mc2 मूवी क्लिप mc1 के अंदर है। एक्शन इस प्रकार लिखिए—

mc1.mc2.Play ();

मूवी क्लिप 3 के लिए स्क्रिप्ट : क्लिप की डेप्थ के संबंध में मूवी क्लिप mc3 मूवी क्लिप mc2 के अंदर है, जो कि mc1 के अंदर समाविष्ट है। आपको स्क्रिप्ट इस प्रकार लिखनी चाहिए—

mc1.mc2. mc3.Play ();

अतिरिक्त जानकारी : सभी स्क्रिप्ट की जड़ मुख्य टाइमलाइन

फ्लैश एक्शन स्क्रिप्ट में स्टेज के लिए मुख्य टाइमलाइन **रूट** की तरह रेफर की गयी है। आप मुख्यत: टाइमलाइन से संबंधित स्क्रिप्ट भी लिख सकते हैं। ऊपर दिए गए उदाहरणों में mc1 मूवी क्लिप प्ले करने के लिए स्क्रिप्ट **root.mc1play();** होगी। मूवी क्लिप इन्सटैन्स के लिए **root.mc1.mc2.Play();** और मूवी क्लिप इन्सटैन्स mc3 के लिए **root.mc1.mc2.mc3.Play();** होगी। जब आप और अधिक जटिल और विकसित एक्शन स्क्रिप्टिंग की तरफ बढ़ेंगे, अगर आपकी स्क्रिप्ट ठीक प्रकार से कार्य नहीं करती है, यह वास्तव में ट्रबल-शूटिंग के सहायक होगी, जैसा कि इसका उद्देश्य है।

बटन स्क्रिप्ट्स

इसका अर्थ है कि आप यह चाहते हैं कि स्क्रिप्ट यूजर द्वारा बटन को प्रेस (Press) करने पर प्रत्युत्तर दे या यूजर के बटन को रिलीज करने पर प्रत्युत्तर दे। ऐसा भी हो सकता है कि आप चाहें कि यूजर के बटन को रोलओवर करने पर स्क्रिप्ट कार्य करे।

माउस इवेंट्स वह स्थिति विशेष है, जो वास्तव में इस पर निर्भर करती है कि यूजर बटन से किस प्रकार संपर्क करता है। उदाहरण के लिए, एक माउस इवेंट **'press'** है और दूसरी **'release'** है। जब आप यह स्पष्ट करते हैं कि किस माउस इवेंट पर आप चाहते हैं कि स्क्रिप्ट प्रत्युत्तर दे, आप निर्दिष्ट करें कि कब स्क्रिप्ट को कार्य करना चाहिए। सभी माउस इवेंट्स में शब्द ऑन सम्मिलित होता है। उसके बाद वास्तविक इवेंट का नाम कोष्ठक () में होता है।

बटन (प्रेस) के लिए एक्शन स्क्रिप्ट लिखना

जब भी हम विशिष्ट बटन के लिए स्क्रिप्ट लिखना चाहते हैं हम सदैव उसे एक इवेंट के साथ जोड़ते हैं। उदाहरण के लिए, अगर हम एक बटन को **स्टॉप ()** एक्शन देना चाहते हैं, हम इसे **ऑन (प्रेस)** इवेंट निम्न प्रकार लिखते हैं—

```
on (press)
{
stop();
}
```

स्क्रिप्ट इंस्टेंस के नाम का अनुसरण करेगी, जिसके लिए आप स्क्रिप्ट लिखना चाहते हैं, से एक डॉट (.) से अलग करते हैं। उदाहरण के लिए, एक इंस्टेंस नाम **'car'** के लिए **stop ( )** एक्शन लिखने के लिए हम निम्नलिखित कोड लिखते हैं—

```
on (press)
{
car.stop();
}
```

अब हम समझेंगे कि किस प्रकार विभिन्न स्थितियों में एक्शन स्क्रिप्ट लिखते हैं।

I. अगर हम एक इंस्टेंस नाम **'car'** के लिए **play()** एक्शन लिखना चाहते हैं, हम निम्नलिखित कोड लिखेंगे—

```
on (press)
{
```

```
car.play();
}
```

II. अगर हमें एक इंस्टेंस नाम **'car' rewind action gotoAnd Stop(1)** का उपयोग करके लिखना चाहते हैं, हम निम्नलिखित कोड लिखेंगे—

```
on (press)
{
car.gotoAndStop(1);
}
```

उपर्युक्त कोड में **gotoAnd Stop(1)** का अर्थ है कि इंस्टेंस **'car'** जो **'frame 1'** पर जाकर रुक जाएगी।

अब हम उपर्युक्त सभी एक्शन स्क्रिप्ट का उपयोग अपनी पिछली कक्षा में **'movingcar.fla'** नाम से सेव एक कार को **प्ले, स्टॉप** और **रिवाइंड** करने के लिए करेंगे।

अब हम नीचे दिए क्रमों का अनुसरण करेंगे—

1. जैसा दिखाया गया है **"movie1.fla"** खोलिए। वैकल्पिक रूप से आप इस fla फाइल को हमारी साइट **(www.mtgcss.com)** से डाउनलोड कर सकते हैं।

नोट

एक इंस्टेंस (जैसे बस इंस्टेंस या मूवी इंस्टेंस) पर एक एक्शन स्क्रिप्ट देने के लिए हमें **एक्शन स्क्रिप्ट** में आवश्यक सभी चिह्नों के लिए इंस्टेंस नाम परिभाषित करने होंगे।

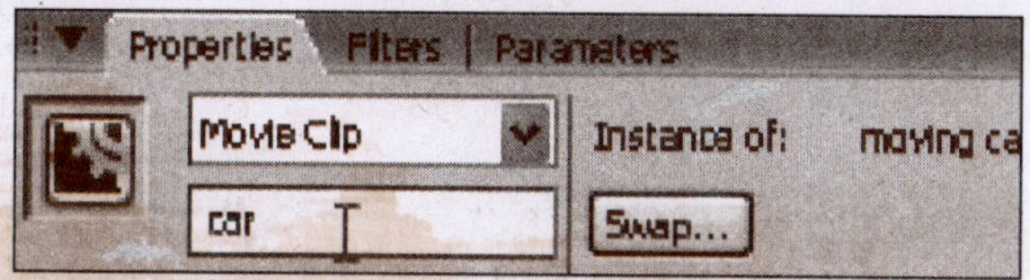

2. अब कार मूवी क्लिप को क्लिक करके सिलेक्ट करिए और Properties पैनल के बॉक्स में **"Instance Name" "car"** लिखिए।

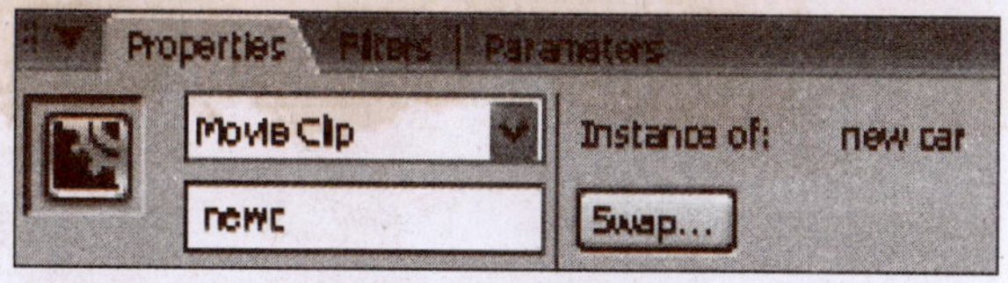

3. अब Instance **car** पर दो बार क्लिक करिए। वर्तमान मूवी क्लिप (कार) चिह्न के अंदर चिह्न स्वत: सिलेक्ट हो जाएगा। Properties पैनल बॉक्स में **"Instance Name"** में **"newc"** लिखिए।

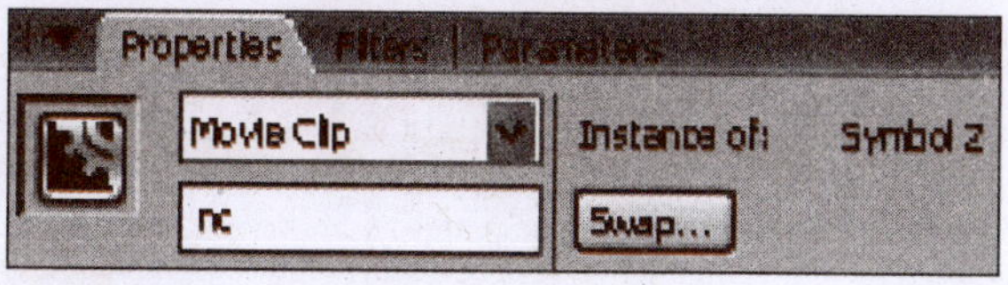

4. अब इंस्टेंस **newc** (जो कि इंस्टेंस कार के अंदर है) पर दोबारा क्लिक करिए। मूवी क्लिप के अंदर स्वत: सिलेक्ट करने के लिए Properties पैनल बॉक्स में **"Instance Name"** में **"nc"** लिखिए।

5. अब **"nc"** पर दो बार क्लिक करिए। आप देखेंगे कि कार का बायाँ पहिया स्वतः सिलेक्ट हो गया। Properties पैनल बॉक्स में **"Instance Name"** में **"rw"** लिखिए

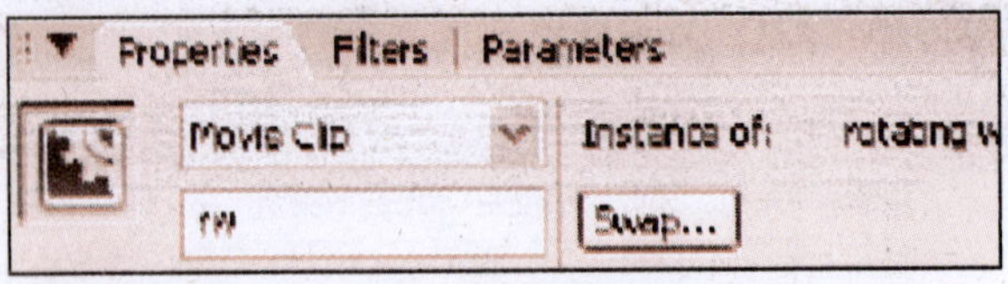

6. अब क्लिक करके दूसरा पहिया सिलेक्ट करिए और Properties पैनल बॉक्स में **"Instance Name"** **"rw1"** लिखिए।

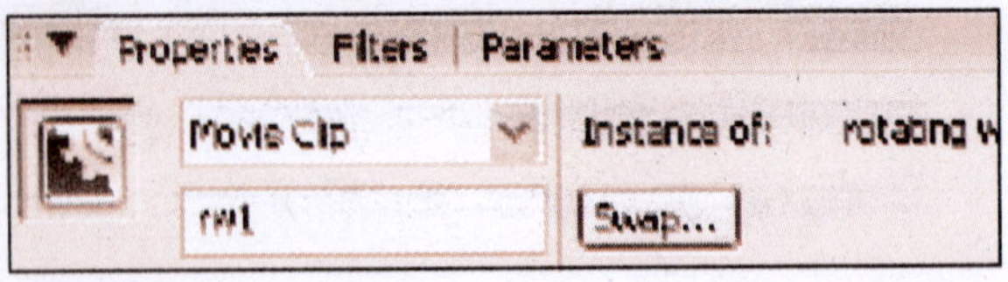

नोट : इंस्टेंस का क्रम

इंस्टेंस का क्रम "nc" के अंदर "rw" और rw1 सेव है। "nc" "newc" के अंदर सेव है। "car" के अंदर "newc" सेव है। तो अगले पहिए के लिए इंस्टेंस का क्रम "car.newc.nc.rw" है और दूसरे पहिए के लिए "car.newc.nc.rw1" है।

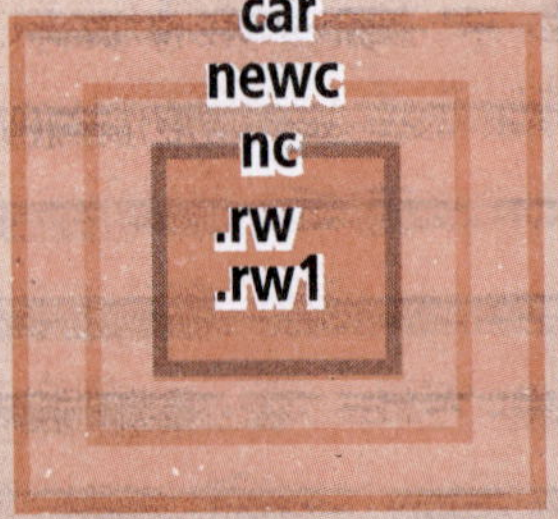

चेतावनी

कृपया सिंबल सिलेक्ट करने में बहुत सावधान रहें। अगर आप क्रमों का पूर्णतया अनुसरण नहीं करेंगे तो आपकी मूवी काम नहीं करेगी। अतः निर्देशों का पालन करने के प्रति बहुत सावधान रहें। आप fla फाइल का अध्ययन और तुलना करने के लिए हमारी साइट mtgcss.com से डाउनलोड कर सकते हैं।

7. अब एक नई लेयर प्रविष्ट कराइए और बटन की स्टेज पर प्लेस करिए, जैसा कि पिछले अध्याय में क्विक टिप में वर्णन किया गया है।

अब हम प्रत्येक बटन को एक्शन स्क्रिप्ट कोड देंगे।

8. **"stop"** बटन सिलेक्ट करिए और निम्नलिखित कोड **"action"** पैनल में लिखिए—

```
on (press)
{
car.stop();
car.newc.nc.rw.stop();
car.newc.nc.rw1.stop();
}
```

अगर यूजर स्टॉप बटन पर क्लिक करता है, हम कार को चलने से रोकना चाहते हैं तो **car.stop():** हम कार के पहियों को भी घूमने से रोकना चाहते हैं तो **car.newc.nc.rw.stop():** और **car.newc.nc.rw1.stop():** घूमते हुए पहिए का इंस्टेंस **rw** और **rw1** के अंदर प्लेस है। यह **newc** के अंदर है, जो कि कार इंस्टेंस के अंदर प्लेस है।

9. **"play"** बटन सिलेक्ट करिए और निम्नलिखित कोड **"action"** पैनल में लिखिए—

```
on (press)
{
car.play();
car.newc.nc.rw.play();
car.newc.nc.rw1.play();
}
```

जब यूजर प्ले बटन पर क्लिक करता है, हम चाहते हैं कि दोनों पहिए घूमने लगें और कार आगे बढ़े तो—
car.newc.nc.rw.play();
car.newc.ne.rw1.play();
car.play();

10. **"rewind"** बटन सिलेक्ट करिए और **"action"** पैनल में निम्नलिखित कोड लिखिए—

```
on (press)
{
car.gotoAndStop(1);
}
```

जब यूजर rewind बटन को क्लिक करता है, हम चाहते हैं कि कार अपने मूल स्थान पर वापस जाए, उदाहरण इसके (मूवी क्लिप के) पहले
फ्रेम पर तो—

car.gotoAndStop(1);

11. मूवी को **"save as"** उपयोग करते हुए नए नाम से सेव करने के लिए **"movie1 with controls.fla"** कीजिए।

12. मूवी का **Ctrl+Enter** दबाते हुए परीक्षण करिए।

13. हम अब इस मूवी का मजा एक बैकग्राउंड इमेज को लगाकर और बढ़ा सकते हैं, **File>import>import to stage** करिए या **Ctrl+R** दबाइए। यह **"Import"** डायलॉग बॉक्स को खोलता है।

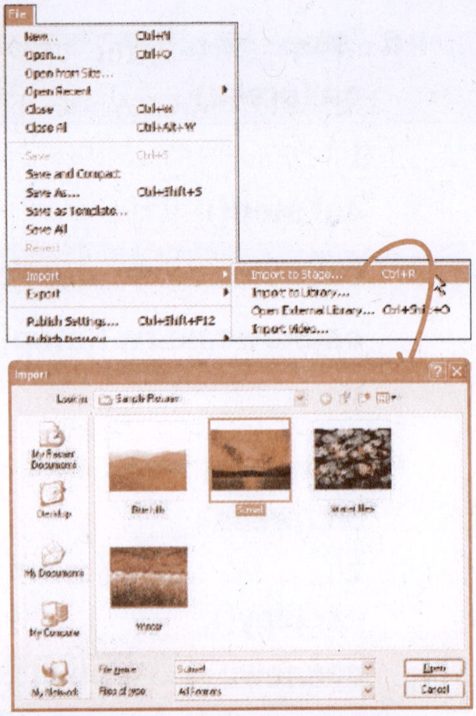

14. **"Import"** डायलॉग बॉक्स से इमेज सिलेक्ट करिए।

15. जैसा दिखाया गया है, यह इमेज को स्टेज पर प्लेस कर देगा।

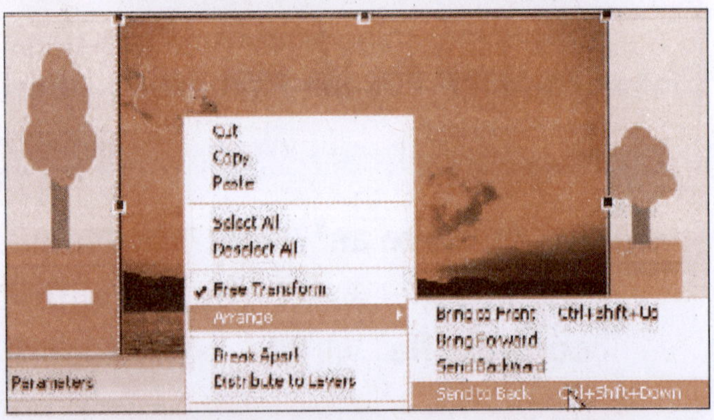

16. **image>arrange>send to back** पर राइट क्लिक करिए या **Ctrl+Shift+Down** दबाइए।

17. अब जैसा चित्र में दिखाया गया है, बैकग्राउंड में इमेज प्लेस हो जाएगी।

18. मूवी का **Ctrl+Enter** दबाकर दोबारा परीक्षण करें। play stop और rewind को क्लिक करके परखें कि सभी बटन और एक्शन स्क्रिप्ट ठीक प्रकार से कार्य कर रहे हैं। आप वीडियो ट्यूटोरियल **www.mtgcss.com** पर देख सकते हैं।

19. अब मूवी को दोबारा सेव करिए।

याद रखें

1. फ्लैश में उपयोग होनेवाली प्रोग्रामिंग लैंग्वेज एक्शन स्क्रिप्ट कहलाती है।
2. आप जिस माउस इवेंट पर किया का प्रत्युत्तर चाहते हैं, उसका निर्देश देने के लिए एक्शन बटन की आवश्यकता होती है।
3. माउस इवेंट्स स्थिति विशिष्ट होते हैं, जो इस पर निर्भर करता है कि यूजर किस प्रकार बटन से संपर्क करता है।
4. एक बैकग्राउंड इमेज को इंपोर्ट करने के लिए **File > import > import to stage** क्लिक करिए या **Ctrl+R** दबाइए।
5. क्रम बदलने के लिए **any shape/symbol, arrange> send to back (Ctrl+Shift+down)** पर दायाँ बटन क्लिक करिए।
6. मूवी का परीक्षण करने के लिए **Ctrl+Enter** दबाइए।
7. एक्शन स्क्रिप्ट पैनल खोलने के लिए **F9** दबाइए।

अभ्यास

(अ) रिक्त स्थान भरो—

1. बैकग्राउंड इमेज इंपोर्ट करने के लिए............दबाइए।
2. इमेज का क्रम बदलने के लिए............दबाइए।
3. मूवी का परीक्षण करने के लिए............दबाइए।
4. एक्शन स्क्रिप्ट पैनल खोलने के लिए............दबाइए।
5. ....आपको निर्देश लिखने की अनुमति देता है, जिसका अनुसरण आपकी मूवी करेगी।

(ब) निम्नलिखित प्रश्नों के उत्तर दीजिए—

1. ऑन (प्रेस) इवेंट्स का क्या उपयोग है ?
2. निम्नलिखित निर्देशों (functions) का क्या उपयोग है ?

   अ. play();

   ब. stop();

   स. gotoAndStop();

बहुविकल्पीय प्रश्न

निम्न विकल्पों में से सही विकल्प पर (✔) निशान लगाएँ।

1. **बैकग्राउंड इमेज को इंपोर्ट करने के लिए...........दबाइए।**

   अ. Ctrl+R   ब. Ctrl+I

   स. Ctrl+Shifts+Down   द. Ctrl+Shift+Up

2. **इमेज का क्रम बदलने के लिए........... दबाइए।**

   अ. Ctrl + R   ब. Ctrl + I

   स. Ctrl + Shift + Down   द. Ctrl +Shift + Alt + Down

3. **मूवी का परीक्षण करने के लिए........... प्रेस करिए।**

   अ. Ctrl + R   ब. Ctrl + Enter

   स. Ctrl + Shift + Down   द. Ctrl + Shift + Up

4. **एक्शन स्क्रिप्ट पैनल को खोलने के लिए...........दबाइए।**

   अ. F4   ब. F5

   स. F7   द. F9

5. **एक्शन Stop(); का अर्थ है—**

   अ. ग्राफिक्स को रोकना   ब. बटन को रोकना

   स. टाइमलाइन को प्ले करने से रोकना (मुख्य टाइमलाइन या मूवी क्लिप टाइमलाइन)

   द. इनमें से कोई नहीं।

6. **on (Press); .... के समतुल्य है।**

   अ. ग्राफिक्स सिंबल पर क्लिक करने के   ब. ग्राफिक्स इंस्टेंस पर क्लिक करने के

   स. बटन इंस्टेंस पर क्लिक करने के   द. इनमें से कोई नहीं।

7. **gotoAndStop( ); का अर्थ है—**

   अ. टाइमलाइन को रोकना और विशिष्ट फ्रेम नंबर लेबल पर जाना

   ब. विशिष्ट फ्रेम नंबर लेबल पर जाना और टाइनलाइन को प्ले करने से रोकना

   स. उपर्युक्त दोनों   द. इनमें से कोई नहीं।

8. **एक्शन play( ); का क्या अर्थ है—**

   अ. प्लेहैड टाइमलाइन पर आगे बढ़ता है   ब. Ctrl+Enter के समतुल्य

   स. अ और ब दोनों   द. इनमें से कोई नहीं।

3 वी.बी. डेटा की व्याख्या

12 डेटा टाइप्स

पिछली कक्षा में आपको विजुअल बेसिक (Visual Basic) पढ़ाया गया था। आप जानते हैं कि विजुअल बेसिक प्रोग्राम के अंतर्गत दो भाग होते हैं—पहला, यूजर इंटरफेस और दूसरा, उस इंटरफेस को चलाने के लिए बेसिक कोड। इस अध्याय में आप विजुअल बेसिक प्रोग्रामिंग भाषा का उपयोग करते हुए विजुअल बेसिक प्रोग्रामिंग में कार्य शुरू करेंगे। ग्राफिक्स ऑब्जेक्ट जैसे कमांड बटनों के साथ काम करने के स्थान पर आप कोड विंडो में टेक्स्ट टाइप करेंगे। आप विजुअल बेसिक डेटा के बारे में पढ़ेंगे और यह सीखेंगे कि फॉर्म पर कमांड और कंट्रोल द्वारा डेटा को कैसे परिवर्तित करते हैं।

विजुअल बेसिक में डेटा

विजुअल बेसिक में आप विभिन्न प्रकार का डेटा संसाधित कर सकते हैं; जैसे—नाम, पता, राशि, छोटी संख्या, तार्किक सवाल-जवाब, जिनके उत्तर सही या गलत में हो सकते हैं।

विजुअल बेसिक **12 प्रकार के डेटा टाइप्स** के साथ काम कर सकता है। इस प्रकार यह आपकी सभी प्रोग्रामिंग आवश्यकताओं की पूर्ति करता है। विजुअल बेसिक में कार्य करने से पूर्व उसे बताया जाता है कि कार्य किस प्रकार संसाधित करना है।

विजुअल बेसिक में डेटा टाइप के प्रकार

विजुअल बेसिक में डेटा के 12 विभिन्न प्रकार होते हैं, जो हैं—बाइट, इंटीजर, लॉन्ग, सिंगल, डबल, करेंसी, डेसिमल, स्ट्रिंग, डेट, बूलियन, ऑब्जेक्ट और वेरिएंट। इनमें से प्रत्येक डेटा एक विशिष्ट कार्य करता है और उनका ठीक प्रकार से उपयोग करके हम अपने प्रोग्राम की कार्य-क्षमता बढ़ा सकते हैं। इस अध्याय में हम सभी डेटा प्रकार की व्याख्या करेंगे, क्योंकि उनमें (डेटा प्रकार में) से कुछ को इस स्तर पर आपके लिए समझना कठिन हो सकता है। विजुअल बेसिक का अधिकतर प्रयोग संख्या पर आधारित है, जिसमें निम्नलिखित डेटा प्रकार सम्मिलित हैं—

इंटीजर : इंटीजर डेटा एक 16-बिट का बिना दशमलव बिंदु (Decimal point) की एक पूर्ण संख्या है, जैसे 614,0 आदि। यह स्टोरेज के लिए 2 बाइट्स (Bites) लेता है। इंटीजर डेटा का प्रयोग उस स्थिति में करना चाहिए जब आप उस वैल्यू से काम कर रहे हैं, जिसकी भिन्नात्मक संख्या नहीं हो सकती है।

डबल : डबल डेटा प्रकार में संख्या दशमलव बिंदु (Decimal point) के साथ होती है, जो भिन्नात्मक मूल्य का प्रतिनिधित्व करता है, जैसे 8.709,0,005 संख्या। एक दशमलव संख्या को हम **28 दशमलव** स्थान तक स्टोर कर सकते हैं। यह स्टोरेज के लिए 12 बाइट्स लेता है।

बाइट : बाइट डेटा टाइप प्रयोग में सबसे कार्य-कुशल और बेहतर डेटा टाइप है। यह बाइनरी डेटा स्टोर करने के लिए बहुत उपयोगी है। अगर आपको निगेटिव संख्या उपयोग करने की आवश्यकता है, आप बाइनरी डेटा प्रकार का उपयोग नहीं कर सकते। बाइट **0 से 255** तक संख्या स्टोर कर सकता है। यह स्टोरेज के लिए **1 बाइट** लेता है। बाइट टेक्स्ट वैल्यू सुरक्षित रख सकता है।

वेरिएंट : डेटा टाइप फिक्स्ड लेंथ स्ट्रिंग (Fixed-length string) के अतिरिक्त न्यूमेरिक और टेक्स्ट डेटा को सुरक्षित रख सकता है। वेरिएंट **न्यूमेरिक डेटा** के साथ **16 बाइट्स** और **टेक्स्ट डेटा** के साथ **22 बाइट्स** स्टोरेज के लिए लेता है।

दूसरे डेटा प्रकार

बुलियन डेटा टाइप मूल्य-निर्धारण या फिर **सही** या **गलत** के लिए उपयोगी है।

डेट डेटा टाइप मूल्य-निर्धारण तिथि स्टोर करने के लिए उपयोगी है। जब आप तिथि या संख्या टाइप करते हैं तो तिथि या समय संख्या के बीच में चिह्न **(#)** जोड़ता है। यह स्टोरेज के लिए **8 बाइट** लेता है।

जैसे—# July, 4,177 #

एक **स्ट्रिंग** शून्य या अधिक अक्षरों की शृंखला है। यद्यपि स्ट्रिंग में न्यूमेरिक अंक हो सकता है। स्ट्रिंग का उपयोग गणना में कभी नहीं होता है, बल्कि इसमें केवल अक्षर होते हैं। आप स्ट्रिंग का उपयोग नाम, पता, अल्फान्यूमेरिक संख्या और दूसरी डेटा वैल्यूज के लिए करते हैं, जिनकी आपको गणना करने की आवश्यकता नहीं पड़ती है। एक स्ट्रिंग **0 से 2 अरब अक्षर** स्टोर कर सकता है। स्ट्रिंग शब्दों को सदैव कोटेशन मार्क " " में रखते हैं। जैसे—**"INDIA IS MY COUNTRY"**

विशेष विजुअल बेसिक वैल्यू नल **(Null)** कहलाती है, जो नल स्ट्रिंग **(Null string)** का प्रतिनिधित्व करती है। कई बार नल स्ट्रिंग एक जीरो-लेंथ स्ट्रिंग **(zero length string)** कहलाती है।

विजुअल बेसिक एक विशेष स्ट्रिंग वैल्यू की भी सहायता करती है, जो एक एंपटी स्ट्रिंग (Empty string) कहलाती है और यह एंपटी कीवर्ड (Empty keyword) का प्रतिनिधित्व करती है।

वेरिएबल में काम करना

वेरिएबल एक ऐसी वैल्यू है, जो बदली जा सकती है। वेरिएबल की वैल्यू बदली जा सकती है, क्योंकि वेरिएबल एक स्टोरेज एरिया से अधिक कुछ भी नहीं है, जो एक समय में एक वैल्यू सुरक्षित रख सकता है। आप अपने कोड में वेरिएबल का नाम दे सकते हैं। एक ही मॉड्यूल में दो विभिन्न वेरिएबल एक ही नाम के नहीं हो सकते हैं, क्योंकि विजुअल बेसिक उनमें अंतर नहीं पहचान सकता है।

वेरिएबल का उपयोग करने से पहले आपको विजुअल बेसिक को नाम और डेटा प्रकार बताना होगा, जो एक वेरिएबल सुरक्षित रखेगा। वेरिएबल केवल उसी डेटा प्रकार में सुरक्षित रख सकता है, जो आपने वेरिएबल को सुरक्षित रखने के लिए परिभाषित किए हैं।

यह ध्यान रखना आवश्यक है कि आपका प्रोग्राम जितने डेटा प्रकार संभव हैं, सुरक्षित रख सकता है; लेकिन वेरिएबल का प्रयोग करने से पहले उसे परिभाषित करना चाहिए। वेरिएबल को परिभाषित करने के लिए एक DIM स्टेटमेंट की आवश्यकता होती है। **DIM** का अर्थ है विस्तार (Dimension)।

वेरिएबल का नाम देने के लिए नियम

आपको वेरिएबल का उपयोग करना है, इसलिए उनको नाम देने के नियम जानने चाहिए। निम्नलिखित नियम इतने जरूरी नहीं हैं; लेकिन जब आप वेरिएबल का नाम देते हैं तो नियमों का अनुसरण करना सामान्यतः उपयुक्त होता है।

जब आप वेरिएबल का नाम दें तो आपको निम्नलिखित का ध्यान रखना चाहिए—

- सभी वेरिएबल एक अक्षर से शुरू करिए।
- वेरिएबल के नाम के लिए केवल अक्षर, संख्या और अंडर स्कोर का प्रयोग करें।
- नाम 1 से 255 अक्षरों की लंबाई का रखें (इसलिए 256 अक्षरों का नाम मत दीजिए)।
- नाम में सीमित विशिष्ट अक्षरों (Special characters) का प्रयोग करिए। सावधानी के लिए केवल अंडर स्कोर (_) का प्रयोग करिए।
- विशेषतया वेरिएबल के नाम में रिक्त स्थान का प्रयोग मत करिए। नाम में विराम चिह्नों की अनुमति नहीं है।

- वेरिएबल के नाम को उपसर्ग के साथ रखिए, जो डेटा के प्रकार का वर्णन करे। उदाहरण **int_total** एक इंटीजर प्रकार का डेटा नाम है।

क्या आप जानते हैं?

विजुअल बेसिक में वेरिएबल लगातार बनाए जाते हैं और नष्ट किए जाते हैं। अत: एक बार जब आपका प्रोग्राम समाप्त होता है तो वेरिएबल में कोई वैल्यू सुरक्षित नहीं रहती है।

वेरिएबल को परिभाषित करना

DIM स्टेटमेंट वेरिएबल को उनके नाम और डेटा प्रकार को असाइन करते हुए परिभाषित करता है। वेरिएबल का उपयोग करने से पहले आपको उस वेरिएबल को **DIM** स्टेटमेंट के साथ परिभाषित करना चाहिए। आपके कोड का निर्देश भाग भी एक स्टेटमेंट में सम्मिलित होता है, डिफाल्ट रूप से यह इस प्रकार होता है—

स्पष्ट विकल्प

यह स्टेटमेंट विजुअल बेसिक को यह बताता है। इस मॉड्यूल में शेष रहे कोड में सभी वेरिएबल को उनके प्रयोग से पहले परिभाषित करिए। उसके बाद अगर आप अपने प्रोग्राम के बीच में एक वेरिएबल के नाम में गलती करते हैं तो बेसिक विजुअल गलती पकड़ लेगा। अगर आपको अपने प्रोग्राम में स्पष्ट विकल्प की आवश्यकता नहीं है तो बेसिक विजुअल उस गलत वेरिएबल को एक अवांछित की तरह समझेगी और जब वह वेरिएबल एक गणना में शामिल होगा तो उसका प्रयोग एक खराब वैल्यू के रूप में करेगी।

नीचे एक **DIM** स्टेटमेंट का **फॉरमेट** है, जिसका प्रयोग आप वेरिएबल परिभाषित करने के लिए करते हैं—

Dim VarName as Data Type

VarName है, जिसको आपने एक वेरिएबल को सौंपा है, और **Data Type** डेटा टाइप में से एक है—

उदाहरण : Dim f_num as Integer

Dim sq_area as Decimal

Dim int_sum as Byte

Dim stu_name as String

वेरिएबल स्टोरेज का प्रयोग

एक वेरिएबल को परिभाषित करने के बाद आप वेरिएबल में डेटा स्टोर कर सकते हैं। यह एक एसाइनमेंट का प्रारूप है—

ItemName = Expression

Item Name एक परिभाषित वेरिएबल हो सकता है। आइटम नाम एक कंट्रोल प्रॉपर्टीज मूल्य भी हो सकता है। **Expression** निम्नलिखित में से कोई भी एक हो सकता है—

- एक गणित संबंधी लॉजिकल या स्ट्रिंग एक्सप्रेशन
- एक लिटरल (वैल्यू) या एक लिटरल (वैल्यू) का संयोग
- एक वेरिएबल या वेरिएबल का संयोग
- एक कंट्रोल की प्रॉपर्टी वैल्यू

निम्नलिखित सभी वैध असाइनमेंट स्टेटमेंट हैं—

```
Cir_area = 5712.75
Str_First_Name = "amit"
Bool_Passed_Test = True
Boll_Is_Enabled = lblTitle.Enabled
Int_Count = Int_Number
Dte_Old = #4-1-92#
```

क्या आप जानते हैं?

विजुअल बेसिक वेरिएबल के लिए वेरिएंट डिफाल्ट डेटा टाइप है। इसका अर्थ है, अगर आप अपने प्रोग्राम में वेरिएबल के लिए डेटा टाइप स्पष्ट नहीं करते, आपके प्रोग्राम का प्रत्येक वेरिएबल विजुअल बेसिक द्वारा वेरिएंट समझा जाएगा।

विजुअल बेसिक ऑपरेटर्स (Visual Basic Operators)

विजुअल बेसिक अनेक गणितीय और स्ट्रिंग ऑपरेटर्स को सपोर्ट करता है। जब आप गणना करते हैं और डेटा के साथ काम करते हैं तो इन क्रियाओं का प्रयोग करते हैं। ऑपरेटर परिणाम को संगठित करके या गणना करके डेटा को मैनीपुलेट करता है।

ऑपरेटर	अर्थ	उदाहरण	परिणाम
^	घातांक	2 ^ 3	8
*	गुणा	2 * 3	6
/	भाग	6 / 2	3
+	जोड़	2 + 3	5
–	घटाना	6 – 3	3
Mod	मॉड्यूल	11 Mod 3	2
+ or &	शृंखला	"Hi," & "There"	"Hi,There"

नोट

(/) का प्रयोग भागफल को जोड़ने और **MOD** का प्रयोग भाग में शेषफल के लिए होता है।

जोड़ का चिह्न (+) एक ओवरलोडेड ऑपरेटर है, क्योंकि यह दो कार्यों का संपादन करता है, जो इस बात पर निर्भर करते हैं कि आप इसके किस तरफ डेटा रखते हैं। जब आप चिह्न के दोनों तरफ दो स्ट्रिंग वैल्यू रखते हैं या **ampersand (&)** के दोनों ओर, विजुअल बेसिक स्ट्रिंग को संयुक्त करता है और संयुक्त की हुई स्ट्रिंग को एक स्ट्रिंग की तरह समझता है।

विजुअल बेसिक संयुक्त की हुई स्ट्रिंग के बीच में कुछ भी नहीं जोड़ता, इसलिए अगर आप उनके बीच में रिक्त स्थान चाहते हैं तो आपको उनके बीच में एक रिक्त स्थान देना पड़ेगा।

एक **overloaded operator** एक ऐसा operator है जो एक से अधिक कार्य करता है, जो इस बात पर निर्भर करते हैं कि आप इसे किस संदर्भ में प्रयोग कर रहे हैं।

Concatenation दो या अधिक स्ट्रिंग को आपस में मिलाकर एक बड़ी स्ट्रिंग में मिश्रित करता है।

ऑपरेटर के क्रम का विश्लेषण करना

विजुअल बेसिक गणना का संपादन एक पूर्ण परिभाषित स्ट्रिंग क्रम में करती है, जो कि निम्नलिखित तालिका में दरशाया गया है। घातांक (^) पहले कार्य करता है, उसके बाद जोड़ और घटा से पहले भाग और गुणनफल एक एक्सप्रेशन में कार्य करते हैं, जब तक लघु कोष्ठक () उस निर्देश को override नहीं करता है—

ऑपरेटर	अर्थ	उदाहरण	परिणाम
1	लघु कोष्ठक ()	(2 + 3) * 7	35
2	^	2 ^ 3 + 1	9
3	*, /, \, मोड	2 + 3 * 7	23
4	+, −	10 − 4 * 2 + 1	3

जब तक लघु कोष्ठक ( ) डिफॉल्ट निर्देश (Default order) को override नहीं करता है, विजुअल बेसिक सदैव एक Expression जोड़ और घटाव से पहले गुणन और भाग के मध्यवर्ती परिणाम (Intermediate results) की गणना करेगा। घातांक (^) का अधिक ऊँचा प्रभाव है। अगर एक शब्दयोजना में गुणा और भाग दोनों उपस्थित होते हैं तो विजुअल बेसिक बाएँ से दाएँ कार्य करता है, जब तक कि लघु कोष्ठक उन निर्देशों को override न करे। इसलिए Expression **10/2*3** का परिणाम **15** देता है, क्योंकि विजुअल बेसिक पहले 10 का 2 से भाग करता है, परिणाम 5 आता है और तब 5 को 3 से गुणा करता है, परिणाम 15 आता है।

इसी प्रकार जोड़ और घटाव की गणना उनके बाएँ से दाएँ क्रम में एक Expression में होती है, जब तक दूसरा वचमतंजवत या लघु कोष्ठक उनका निर्देश बदल न दे।

अगर आप लघु कोष्ठक के एक सेट को दूसरे के साथ मिला देते हैं, विजुअल बेसिक सबसे अंदर के सेट की गणना पहले करता है। इसलिए विजुअल बेसिक निम्नलिखित Expression में कुछ और गणना से पहले **(8 - 3)** की गणना करता है—

[10 + 2 - (8 - 3)] + 1

याद रखें

1. विजुअल बेसिक सपोर्ट्स के 12 डेटा प्रकार हैं—बाइट, इंटीजर, लॉन्ग, सिंगल, डबल, करेंसी, डेसिमल, स्ट्रिंग, डेट, बूलियन, ऑब्जेक्ट और वेरिएंट।
2. स्ट्रिंग शून्य या अधिक अक्षरों को शृंखला है।
3. DIM statement वेरिएबल को उनका नाम और डेटा प्रकार देकर परिभाषित करता है।
4. विजुअल बेसिक बहुत सारे mathematical और string operators का सहायक है।
5. भागफल में (/) का प्रयोग भागफल को जोड़ने और MOD का प्रयोग शेषफल के लिए होता है।
6. जोड़ का चिह्न (+) एक overloaded operator है।
7. Concatenation दो या अधिक स्ट्रिंग को बड़ी स्ट्रिंग में मिश्रित करता है।

अभ्यास

(अ) रिक्त स्थान भरो—

1. .... एक ऑपरेटर है, जो एक से अधिक क्रियाओं का संपादन करता है, जो इस बात पर निर्भर करती हैं कि आपने उसका प्रयोग किस संदर्भ में किया है।
2. डबल डेटा टाइप का प्रयोग करते हुए हम डेसिमल संख्या को .... डेसिमल स्थान तक स्टोर कर सकते हैं।
3. .... विजुअल बेसिक में बहुत उपयोगी डेटा टाइप है।
4. बूलियन डेटा टाइप वैल्यू सेटिंग के लिए उपयोगी है .... या ....।
5. .... तारीखवार रिकॉर्ड करने के लिए डेटा टाइप का प्रयोग करें।
6. स्पेशल विजुअल बेसिक वैल्यू .... कहलाती है, जो नल स्ट्रिंग का प्रतिनिधित्व करती है।
7. एक नल स्ट्रिंग कभी-कभी .... कहलाती है।

(ब) निम्न प्रश्नों के उत्तर दीजिए—

1. ओवरलोडेड ऑपरेटर क्या है?
2. कौन सा डेटा टाइप दूसरे डेटा टाइप को होल्ड करता है?

3. प्लस चिह्न (+) और माइनस (–) में क्या अंतर है।
4. DIM statement फॉरमेट और उदाहरण के साथ समझाइए।
5. विजुअल बेसिक के 5 ऑपरेटर उदाहरण के साथ लिखिए।
6. वेरिएबल नाम देने के लिए नियम लिखिए।
7. निम्नलिखित डेटा टाइप को समझाइए—

अ. इंटीजर
ब. डेसिमल
स. बाइट
द. वेरिएंट
च. बूलियन
छ. डेट
ज. स्ट्रिंग

(स) निम्नलिखित सूत्रों का विजुअल बेसिक में क्या परिणाम है?

अ. 1 + 2 * 4 / 2

ब. (1 + 2) * 4 / 2

स. 1 + 2 * (4 / 2)

द. 9 / 2 + 1

च. 1 + (10 – (2 + 2))

(द) सही या गलत—

1. विजुअल बेसिक में डेट डिफाल्ट डेटा टाइप है।
2. वेरिएबल की वैल्यू कभी नहीं बदलती है।
3. विजुअल बेसिक दो प्रकार के डिवीजन ऑपरेटर को सपोर्ट करता है।
4. सभी वेरिएबल alphanumeric अक्षर से प्रारंभ होने चाहिए।
5. Concatenation दो छोटे स्ट्रिंग को एक लंबी स्ट्रिंग से अलग करता है।

च. Assignment statement लिखिए जो निम्नलिखित प्रत्येक सूत्र को विजुअल बेसिक सूत्र में बदलता है—

अ. $a = \frac{3+3}{4+4}$

ब. $x = (a-b) * (a-2)^2$

स. $f = \frac{a^{1/2}}{b^{1/2}}$

बहुविकल्पीय प्रश्न

निम्न विकल्पों में से सही विकल्प पर (✔) निशान लगाएँ।

1. **Expression इनमें से कोई भी हो सकता है—**

   अ. Mathematical, Logical या String expression

   ब. literal (value) या literals (values) का combination

   स. variable या variables और control's property value का combination

   द. उपर्युक्त सभी

2. **इंटीजर डेटा टाइप.......... बाइट्स लेते हैं।**

   अ. 2 ब. 12

   स. 1 द. 16

3. **डबल डेटा टाइप.......... बाइट्स लेते हैं।**

   अ. 2 ब. 12

   स. 1 द. 16

4. **बाइट डेटा टाइप.......... बाइट्स लेते हैं।**

   अ. 2 ब. 12

   स. 1 द. 16

5. **वेरिएंट डेटा टाइप.......... लेते हैं।**

   अ. 2 बाइट्स ब. 12 बाइट्स

   स. 1 बाइट्स द. न्यूमेरिक के लिए 16 और टेक्स्ट के लिए 22 बाइट्स

6. **विजुअल बेसिक में डिफाल्ट डेटा टाइप.......... है।**

   अ. डेट ब. वेरिएंट

   स. डबल द. इनमें से कोई नहीं

7. **न्यूमैरिक वैल्यू 8.5778 के लिए.......... डेटा टाइप का प्रयोग करना चाहिए।**

   अ. इंटीजर ब. डबल

   स. बूलियन द. स्ट्रिंग

4 कोड विंडो

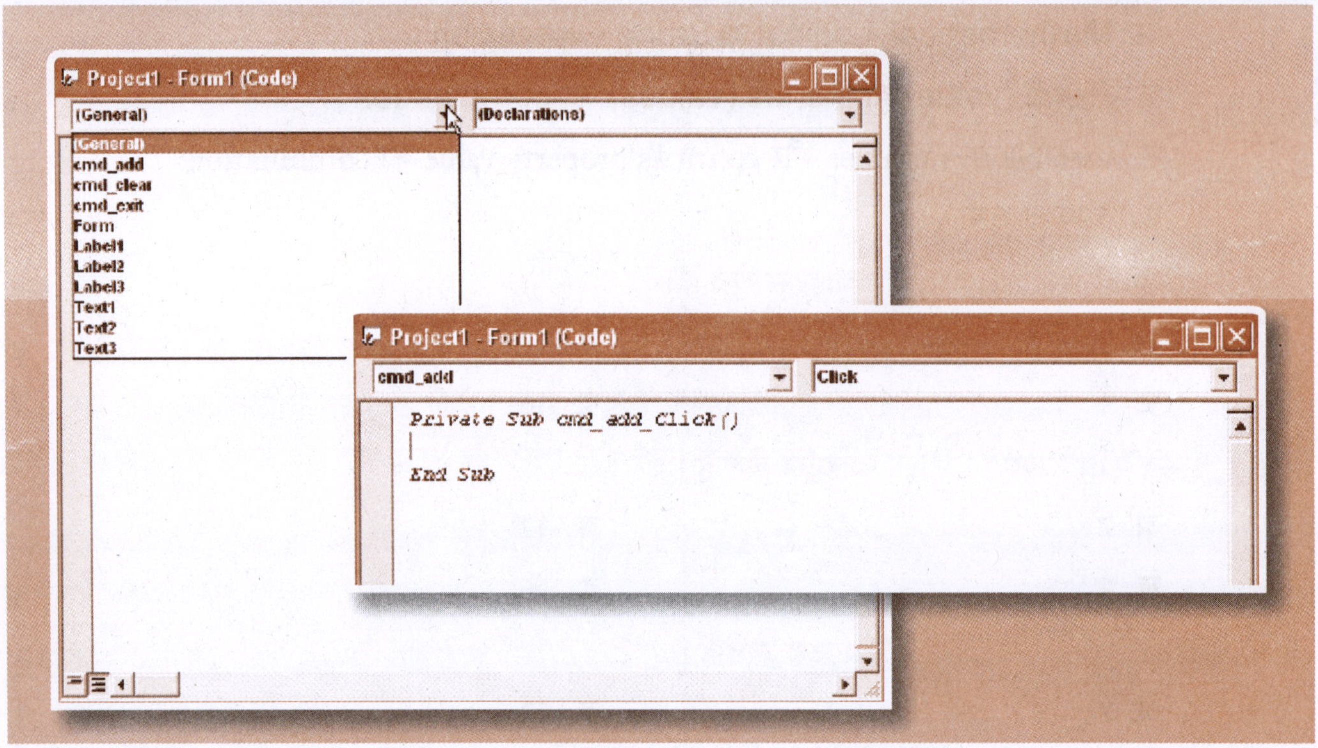

इस अध्याय में आप विजुअल बेसिक प्रोग्रामिंग लैंग्वेज (Visual Basic Programming Language) की मूल बातों को उसके काम करने के तरीके के साथ कार्य करके सीखेंगे। पिछले अध्याय में हमने एक शब्द **'मॉड्यूल'** का प्रयोग किया। क्या आप विजुअल बेसिक में मॉड्यूल का अर्थ समझते हैं ? लैंग्वेज की शुरुआत करने से पहले आपको यह समझने की आवश्यकता है कि मॉड्यूल एक फाइल है, जो आपके प्रोग्राम के लिए विजुअल बेसिक कोड स्टोर करके रखती है। फाइल जो फॉर्म और उसका कोड स्टोर रखती है, तकनीकी रूप से **फॉर्म मॉड्यूल** कहलाती है।

फॉर्म मॉड्यूल न केवल इवेंट प्रोसीजर्स स्टोर रखता है बल्कि डिक्लेरेशन सेक्शन भी स्टोर रखता है। विजुअल बेसिक एक इवेंट ड्राइवेन लैंग्वेज है। इसका क्या अर्थ है ? इसका अर्थ है कि आपके प्रोग्राम में जो कुछ होता है, वह एक इवेंट का आरंभ करता है।

इवेंट का अर्थ है : कार्य या क्रियाएँ, जो आपके स्क्रीन पर होती हैं। प्रोसीजर का अर्थ है—स्टेटमेंट का समूह जो निर्दिष्ट कार्य का संपादन करता है। प्रोसीजर एक बटन या यूजर से जोड़ा जाता है, जो वास्तव में कुछ क्रिया के होने के लिए निर्देश है।

विजुअल बेसिक के प्रत्येक मॉड्यूल में, जिसमें एक कोड होता है, उसमें एक **डिक्लेरेशन एरिया** भी होता है।

डिक्लेरेशन सेक्शन पूरे मॉड्यूल के लिए डेटा एरिया के लिए स्थान सुरक्षित रखता है। आपको डिक्लेरेशन सेक्शन में कंट्रोल डिक्लेयर नहीं करने होते बल्कि प्राय: आपको डिक्लेरेशन सेक्शन में दूसरे विजुअल बेसिक डेटा स्टोरेज एरिया डिक्लेयर करने होते हैं।

डिक्लेरेशन सेक्शन सदैव प्रत्येक मॉड्यूल के शीर्ष भाग में उपस्थित रहता है, जिसमें कोड स्टोर होते हैं। इसलिए एक फॉर्म मॉड्यूल में डिक्लेरेशन सेक्शन इवेंट प्रोसीजर है, जो पहले उपस्थित होता है। किसी भी समय आप मॉड्यूल के पहले इवेंट प्रोसीजर से पहले कोड टाइप करते हैं तो जिसे सामान्य उद्‌देश्य के रूप में विचार किया जाता है और उसे किसी विशिष्ट निर्देश के लिए नहीं जोड़ा जाता है। विजुअल बेसिक की प्रारंभिक अवस्था में आप इस भाग में जो डेटा डिक्लेयर करेंगे, उस संपूर्ण भाग को डेटा डिक्लेरेशन सेक्शन की तरह समझेंगे।

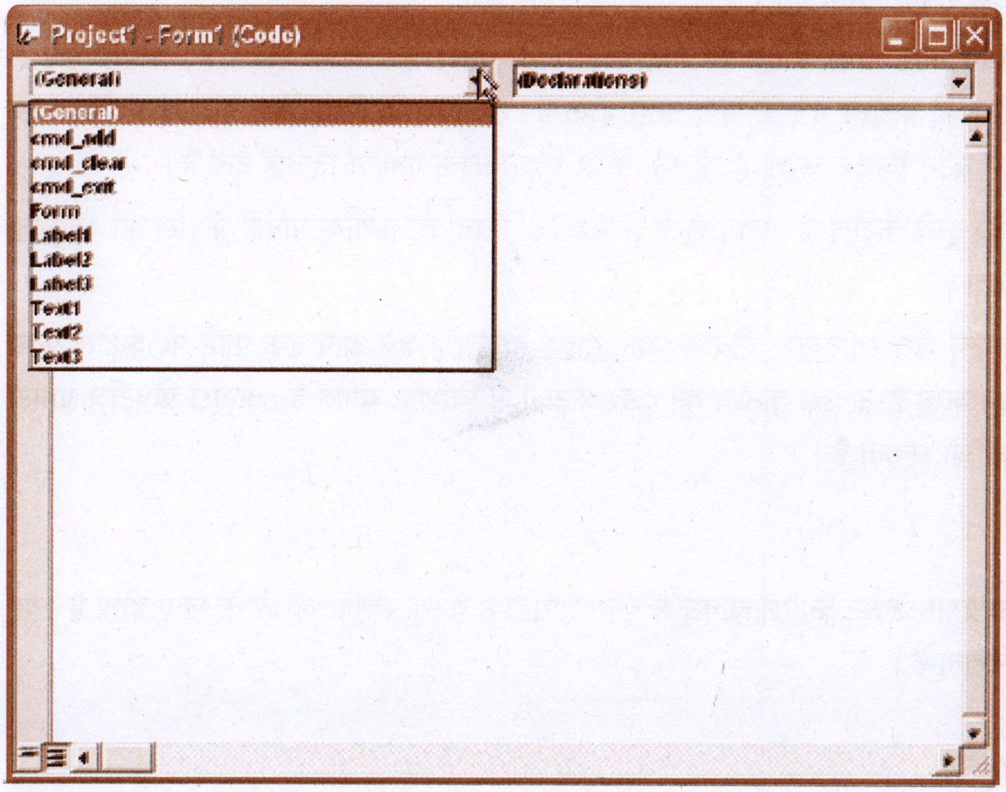

इवेंट प्रोसीजर्स

इवेंट प्रोसीजर कभी-कभी विजुअल बेसिक प्रोग्रामर को स्टार्ट करने के लिए चुनौती देता है; लेकिन एक इवेंट प्रोसीजर की संकल्पना (Concept) बहुत आसान है। अधिकतम इवेंट्स यूजर के कीबोर्ड या माउस से सीधे आते हैं; जैसे **क्लिक, डबल क्लिक या की-स्ट्रोक**।

कंट्रोल इवेंट प्रोसीजर के अंदर लिखा गया कोड कभी कार्य-संपादन नहीं करेगा। यह गुण विजुअल बेसिक को बहुत उपयोगी बनाता है क्योंकि आप सभी प्रकार के इवेंट प्रोसीजर एक साथ लिखते हैं और ठीक इवेंट होने की और इस इवेंट के अनुसार कार्य संपादित होने की प्रतीक्षा करते हैं।

कॉमन कंट्रोल इवेंट्स

फॉर्म और इसके कंट्रोल दोनों इवेंट रिसीव कर सकते हैं। निम्नलिखित कुछ सामान्य इवेंट्स हैं, जो एप्लीकेशन के एक्जीक्यूशन के दौरान कमांड बटन के साथ-साथ टेक्स्ट बॉक्स पर होते हैं—

क्लिक : वह इवेंट है, जब यूजर फॉर्म बटन या टेक्स्ट बॉक्स पर कहीं भी क्लिक करता है।

चेंज : यह इवेंट तब होता है, जब यूजर चेंज करता है या टेक्स्ट बॉक्स के टेक्स्ट में एंटर करता है।

कुछ सामान्य कंट्रोल और प्रॉपर्टीज

विजुअल बेसिक प्रोग्राम में विजुअल इंटरफेस सम्मिलित होता है, जो विंडो (फॉर्म) और कंट्रोल बनाता है, जिससे यूजर देखता और उनसे संपर्क करता है।

इसके अतिरिक्त प्रोग्रामिंग कोड सभी चीजों को **(फॉर्म और कंट्रोल)** एक साथ जोड़ते हैं। प्रत्येक कंट्रोल स्वचालित और प्रोग्रामिंग कोड को प्रत्युत्तर देने के लिए तत्पर होता है। उदाहरण के लिए, जब यूजर एक प्रोग्राम को स्टार्ट करने के लिए माउस से बटन क्लिक करता है तो स्क्रीन पर एक क्लिक एक्शन दिखाई देता है।

प्रॉपर्टीज कंट्रोल फॉर्म को दूसरे कंट्रोल से अलग करने में सहायता करती है, क्योंकि प्रॉपर्टी कंट्रोल की आकृति, व्यवहार और लोकेशन दिखाती है।

फॉर्म पर प्रॉपर्टीज की वैल्यू जैसे रंग टेक्स्ट, लेबल्स और साइज होती हैं। जब आप एक फॉर्म पर कंट्रोल प्लेस करते हैं और प्रॉपर्टीज एसाइन करते हैं तो उस कंट्रोल को दूसरे कंट्रोल से विशिष्ट बनाते हैं। कंट्रोल प्रॉपर्टीज प्रॉपर्टी विंडो का प्रयोग करके बदली जा सकती है।

लेबल कंट्रोल

लेबल कंट्रोल  का प्रयोग टेक्स्ट कंट्रोल बॉक्स में यूजर द्वारा एक वैल्यू प्रविष्ट कराने के लिए होता है। यह  इस प्रकार दिखता है।

लेबल कंट्रोल की प्रॉपर्टीज

कैप्शन : यह प्रॉपर्टी टेक्स्ट को निर्धारित करती है, जो एक लेबल पर दिखती है जैसा टेक्स्ट बॉक्स कंट्रोल के लिए निर्धारित होता है।

उदाहरण **"Enter first number:"**

टेक्स्ट बॉक्स कंट्रोल

 टेक्स्ट बॉक्स कंट्रोल तब प्रयोग होता है, जब आप चाहते हैं कि यूजर कुछ टाइप करे, जैसे प्रॉम्प्ट के लिए एक उत्तर या जब आप वैल्यू कलेक्ट करना चाहते हैं, जैसे नाम और पते की सूचना। यह फॉर्म 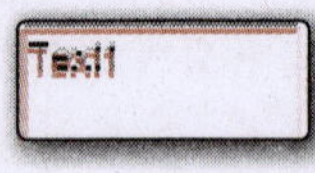 पर इस प्रकार दिखता है।

टेक्स्ट बॉक्स कंट्रोल की प्रॉपर्टीज

टेक्स्ट : यह प्रॉपर्टी इनीशियल टेक्स्ट (default value) निर्धारित करती है, जो टेक्स्ट बॉक्स में दिखती है। यह वैल्यू टेक्स्ट डेटा टाइप है।

नेम : यह प्रॉपर्टी हमें कंट्रोल के लिए नया नाम देने की अनुमति देती है। उदाहरण के लिए मेमोरी में **text1** को **FirstNumber** में बदल सकते हैं।

कमांड बटन कंट्रोल

एक एप्लीकेशन फॉर्म में एक कमांड बटन भी होता है। यह कमांड बटन  क्लिक करने के साथ ही यूजर बता सकता है कि उत्तर तैयार है और आपके इस प्रोग्राम को स्टॉप कर सकता है। जब यूजर इसको क्लिक करता है, कमांड बटन दब जाता है। यह फॉर्म पर इस प्रकार 

दिखता है।

कमांड बटन कंट्रोल की प्रॉपर्टीज

कैप्शन : यह प्रॉपर्टीज उस टेक्स्ट को निर्धारित करती है जो कमांड पर दिखता है।

नेम : यह प्रॉपर्टीज हमें कंट्रोल के लिए नया नाम देने की अनुमति देती है। उदाहरण के लिए, मेमोरी में command1 को cmd_add में बदल सकते हैं।

नोट

प्रॉपर्टीज लिखने के लिए प्रॉपर्टी और कंट्रोल नेम के बीच में डॉट (.) लगाते हैं। उदाहरण text1.text, label1, caption, command1.caption आदि।

इवेंट प्रोसीजर्स लिखना

कृपया याद रखिए, इवेंट प्रोसीजर्स में विजुअल बेसिक कोड होता है। इवेंट प्रोसीजर्स उस कोड का हिस्सा हैं, जो एक विशेष कंट्रोल इवेंट संचालित करता है। अगर आप उस कंट्रोल के लिए उन सभी विभिन्न प्रकार के इवेंट्स का प्रत्युत्तरु देना चाहें तो एक कंट्रोल के एक से अधिक इवेंट प्रोसीजर्स हो सकते हैं।

निम्नलिखित सभी इवेंट प्रोसीजर्स के फॉरमेट हैं—

ControlName_EventName()

अंडर स्कोर "_" कंट्रोल नेम को इवेंट नेम से अलग करता है। सभी इवेंट प्रोसीजर्स को इसी प्रकार नाम दिया जाता है। यह तब ही और केवल तब ही कार्य संपादित करता है जब कमांड बटन नाम और कमांड1 के इवेंट नाम पर क्लिक होता है।

जब आप विजुअल बेसिक में काम करेंगे और इवेंट प्रोसीजर लिखेंगे तो वह शब्द **Private Sub** से आरंभ होंगे। कीवर्ड वैकल्पिक है। अगर आप Private (शब्द) स्पष्ट नहीं करेंगे, विजुअल बेसिक समझेगा कि इवेंट प्रोसीजर निजी **(Private)** है।

इस इवेंट की पहली लाइन बताती है कि प्रोसीजर प्राइवेट है। आप यह भी जानते हैं कि यह इवेंट प्रोसीजर सबरुटीन है, इसलिए यह **"Private Sub"** से प्रारंभ होता है और **"End Sub"** से समाप्त होता है। आप जानते हैं कि इवेंट प्रोसीजर्स केवल उन्हीं क्लिक्स का प्रत्युत्तर देते हैं, जो कमांड बटन पर क्लिक किए जाते हैं।

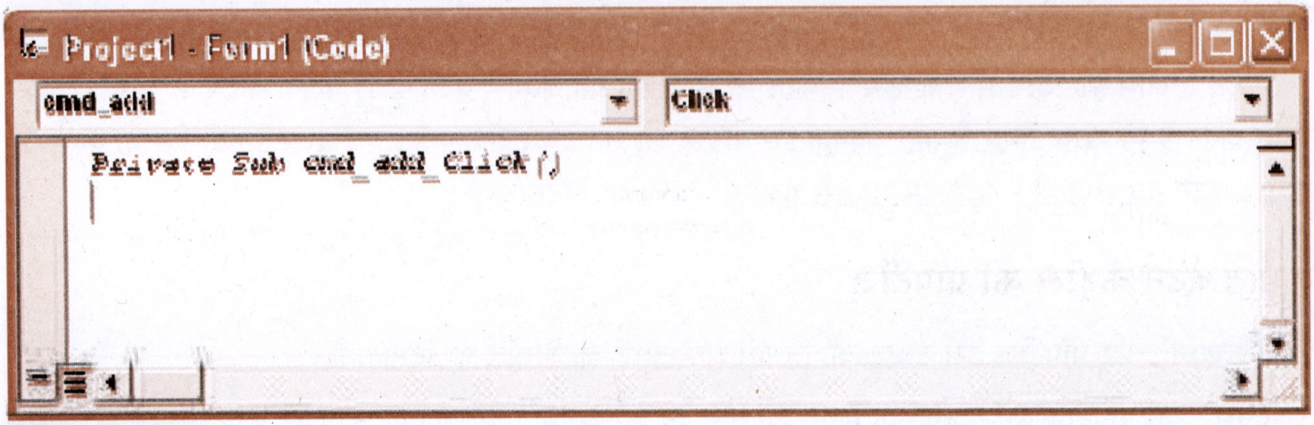

याद रखें

1. इवेंट प्रोसीजर की पहली लाइन बताती है कि प्रोसीजर प्राइवेट है।
2. अंडर स्कोर "-" इवेंट नेम को कंट्रोल नेम से अलग करता है।
3. फॉर्म पर प्रॉपर्टीज की वैल्यू होती है, जैसे रंग, टेक्स्ट लेबल, साइज आदि।
4. फॉर्म और इसके कंट्रोल इवेंट रिसीव कर सकते हैं।
5. प्रत्येक मॉड्यूल के कोड के साथ-साथ डिक्लेरेशन एरिया होता है।

अभ्यास

(अ) रिक्त स्थान भरें—

1. ·········प्रॉपर्टीज उस टेक्स्ट को स्पेसीफाई करता है, जो कमांड बटन पर दिखाती है।
2. ·········प्रॉपर्टीज हमें कमांड देने के लिए नया नाम देने की अनुमति देती है।
3. ·········प्रॉपर्टीज उस इनीशियल टेक्स्ट को स्पष्ट करती है, जो टेक्स्ट बॉक्स में दिखाती है।
4. ·········एक कंट्रोल को दूसरे कंट्रोल से अलग पहचानने में सहायता करता है, क्योंकि प्रॉपर्टी कंट्रोल की बनावट और व्यवहार दिखाती है।
5. विजुअल बेसिक प्रोग्राम में विजुअल इंटरफेस होता है, जो·········बनाता है और·········जिसे यूजर देखता है और उससे संपर्क करता है।

6. ………इवेंट तब होती है जब यूजर फॉर्म बटन या टेक्स्ट बॉक्स कहीं पर भी क्लिक करता है।

7. ………इवेंट तब होती है जब यूजर फॉर्म चेंज करता है या टेक्स्ट बॉक्स में टेक्स्ट एंटर करता है।

8. अधिकतर इवेंट कीबोर्ड या माउस से सीधे आते हैं, जैसे………, ……… या ………।

9. ………संपूर्ण मॉड्यूल में डेटा के लिए प्रयुक्त स्थान को सुरक्षित रखता है।

10. फाइल, जो फॉर्म और उसके कोड रखती है, तकनीकी रूप से……… कहलाती है।

(ब) निम्नलिखित प्रश्नों के उत्तर दीजिए—

1. फॉर्म मॉड्यूल और डिक्लेरेशन सेक्शन का वर्णन कीजिए।
2. इवेंट प्रोसीजर का वर्णन कीजिए।
3. कॉमन कंट्रोल इवेंट का वर्णन कीजिए।
4. प्रॉपर्टीज क्या है?

(स) निम्नलिखित कंट्रोल का उनकी प्रॉपर्टीज के साथ वर्णन करिए—

अ. लेबल कंट्रोल

ब. टेक्स्ट बॉक्स कंट्रोल

स. कमांड बटन कंट्रोल

बहुविकल्पीय प्रश्न

निम्न विकल्पों में से सही विकल्प पर (✔) निशान लगाएँ।

1. विजुअल बेसिक का अध्ययन करते हुए जब आप इवेंट प्रोसीजर लिखेंगे तो लगभग उनमें से प्रत्येक शब्द……… से आरंभ होगा।

अ. Private Sub   ब. End Sub

स. अ और ब दोनों   द. इनमें से कोई नहीं

2. टूल बॉक्स में इन कंट्रोल को  पहचानिए।

अ. लेबल, कमांड बटन, टेक्स्ट बॉक्स   ब. टेक्स्ट बॉक्स, लेबल, कमांड बटन

स. कमांड बटन, लेबल, टेक्स्ट बॉक्स   द. इनमें से कोई नहीं

3. ……… प्रॉपर्टीज टेक्स्ट बॉक्स, लेबल और कमांड के लिए संयुक्त है।

अ. कैप्शन   ब. नाम

स. टेक्स्ट   द. इनमें से कोई नहीं

4. **प्रॉपर्टीज एक कंट्रोल को दूसरे कंट्रोल से अलग पहचानने में सहायता करती है, क्योंकि प्रॉपर्टीज कंट्रोल का आकार और व्यवहार दिखाती है। प्रॉपर्टीज में वैल्यू होती है; जैसे—**

अ. रंग

ब. टेक्स्ट लेबल्स

स. फॉर्म पर साइज और लोकेशन

द. उपर्युक्त सभी और अधिक

5.  **का प्रयोग होता है—**

अ. टेक्स्ट बॉक्स कंट्रोल में वैल्यू प्रविष्ट करने से पहले यूजर को वैल्यू समझाने के लिए।

ब. जब आप चाहते हैं कि यूजर कुछ टाइप करे; जैसे एक प्रॉम्प्ट का उत्तर या जब आप एक वैल्यू स्टोर करना चाहते हैं, जैसे नाम और पते की सूचना।

स. उन सभी एप्लीकेशन के कार्य में, जिनमें कमांड बटन होता है।

द. इनमें से कोई नहीं।

6.  **का प्रयोग होता है—**

अ. टेक्स्ट बॉक्स कंट्रोल में वैल्यू प्रविष्ट करने से पहले यूजर को वैल्यू समझाने के लिए।

ब. जब आप चाहते हैं कि यूजर कुछ टाइप करे, जैसे एक प्रॉम्प्ट का उत्तर या जब आप एक वैल्यू स्टोर करना चाहते हैं, जैसे नाम और पते की सूचना।

स. उन सभी एप्लीकेशन के कार्य में, जिनमें कमांड बटन होता है।

द. इनमें से कोई नहीं।

7.  **का प्रयोग होता है।**

अ. टेक्स्ट बॉक्स कंट्रोल में वैल्यू प्रविष्ट करने से पहले यूजर को वैल्यू समझाने के लिए।

ब. जब आप चाहते हैं कि यूजर कुछ टाइप करे, जैसे एक प्रॉम्प्ट का उत्तर या जब आप एक वैल्यू स्टोर करना चाहते हैं, जैसे नाम और पते की सूचना।

स. उन सभी एप्लीकेशंस के कार्य में, जिनमें कमांड बटन होता है।

द. इनमें से कोई नहीं।

5 लेबल्स, टेक्स्ट बॉक्स और बटन

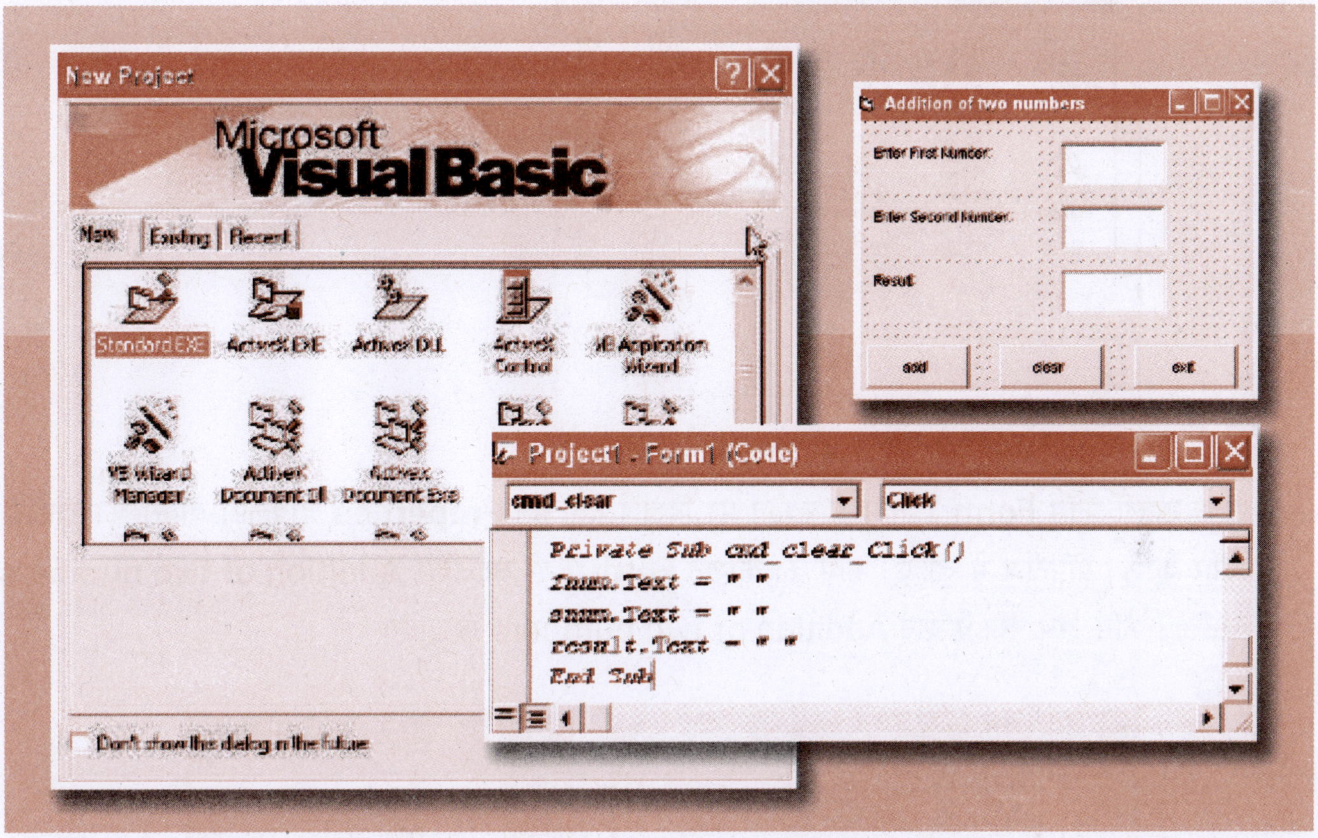

अपनी पिछली कक्षा में आपने विजुअल बेसिक की मूल बातों के साथ-साथ वेरिएबल, डेटा टाइप, ऑपरेटर्स, फॉर्म, कंट्रोल, प्रॉपर्टीज और इवेंट्स के बारे में पढ़ा था। अब हम विजुअल बेसिक के व्यावहारिक उपयोग को समझेंगे और अब तक आपने इस एप्लीकेशन के बारे में जो कुछ सीखा है, उसका प्रयोग करके **दो अंकों को जोड़ कर प्रोग्राम** लिखेंगे।

विजुअल बेसिक प्रोग्राम लिखने और उसमें दो अंक जोड़ने के लिए निम्नलिखित क्रमों का सावधानीपूर्वक अनुसरण करना चाहिए—

1. आइकन  को दो बार क्लिक करके या **Start > Programs > Visual studio 6.0 > Visual basic 6.0** सिलेक्ट करके विजुअल बेसिक खोलिए। **New Project** VB 6.0 खुल जाएगी।

2. **New Project** विंडो से **Standard.EXE** सिलेक्ट कीजिए।

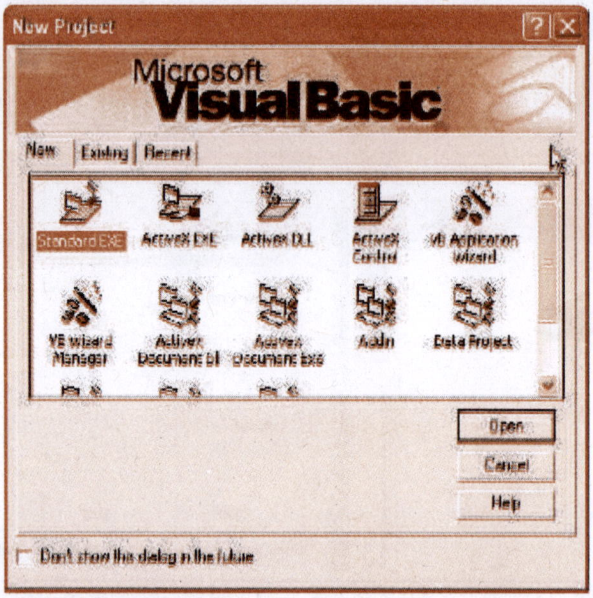

3. एक खाली फॉर्म **Form 1** नाम से स्क्रीन पर दिखाई देता है। **Properties** डायलॉग बॉक्स को खोलिए और कैप्शन प्रॉपर्टीज में जाइए। फॉर्म का कैप्शन **Form 1** से बदलकर **Addition of two numbers** करिए। फॉर्म अब नया कैप्शन Addition of two numbers दिखाएगा।

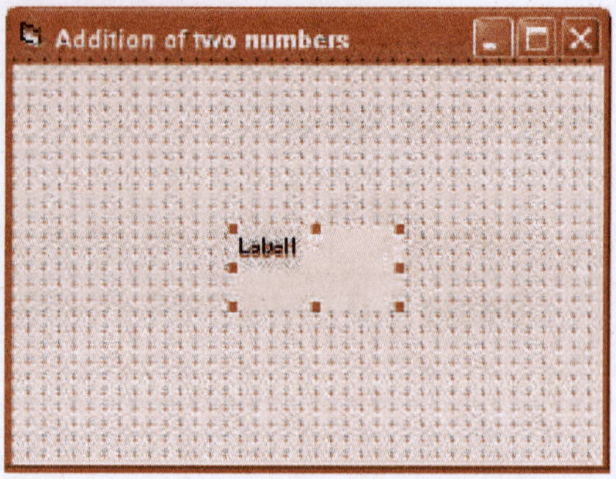

4. अब टूल बॉक्स में **Label** बटन  पर दो बार क्लिक करिए। फॉर्म पर **"Label 1"** के नाम से एक लेबल दिखाई देगा।

5. लेबल को फॉर्म के शीर्ष के बाईं तरफ खींचिए और इसके कैप्शन प्रॉपर्टीज को **"Label 1"** से **"Enter First Number:"** में Properties डायलॉग बॉक्स खोलते हुए बदलिए।

6. दूसरा लेबल बनाने के लिए कैप्शन **"Enter Second Number:"** का प्रयोग करते हुए स्टेप्स 4 और 5 दोहराइए।

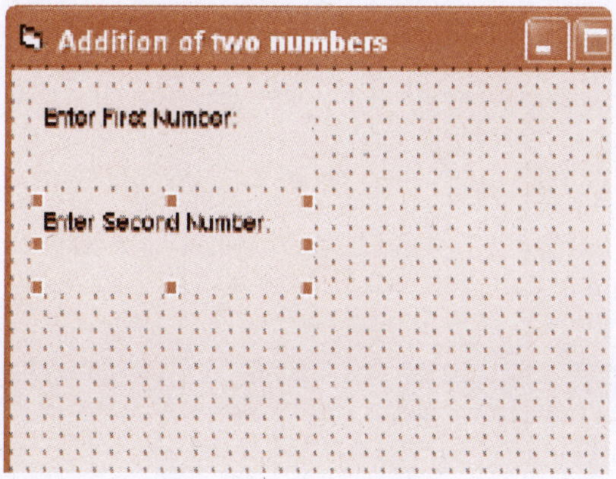

7. एक दूसरा लेबल कैप्शन **"Result:"** का प्रयोग करके बनाने के लिए स्टेप्स 4 और 5 दोहराइए।

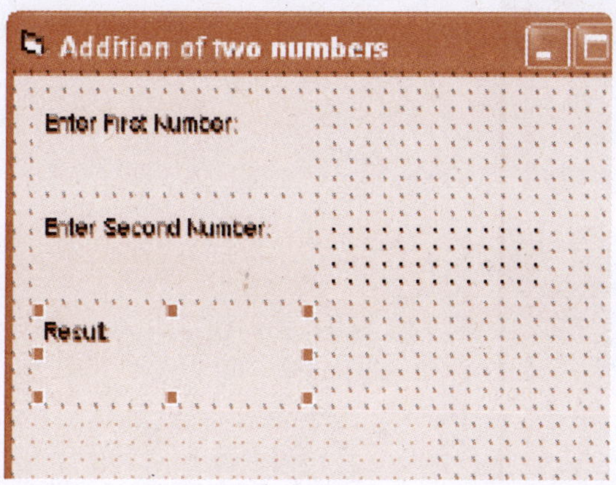

8. टूल बॉक्स पर **Text box** बटन पर दो बार क्लिक करिए और इसको label Enter First Number के सामने रखिए।

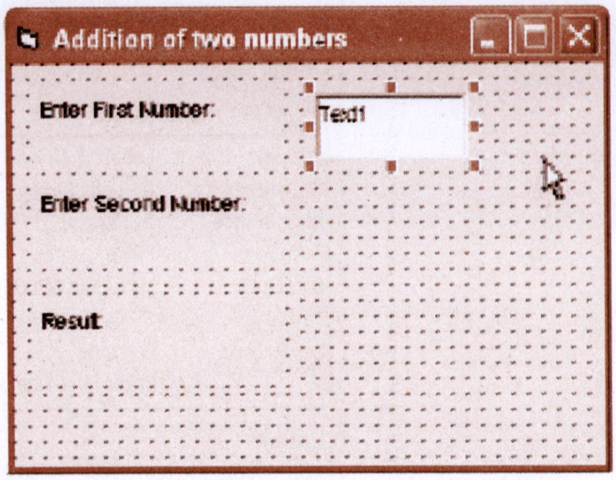

9. टेक्स्ट बॉक्स सिलेक्ट कीजिए और इसका Properties बॉक्स खोलिए। **Properties** डायलॉग बॉक्स में **"Text"** प्रॉपर्टीज में लिखा हुआ **"Text 1"** मिटाइए।

10. **"Text"** प्रॉपर्टी से **"Text 1"** मिटाने के बाद टेक्स्ट बॉक्स खाली हो जाएगा और इस प्रकार दिखेगा।

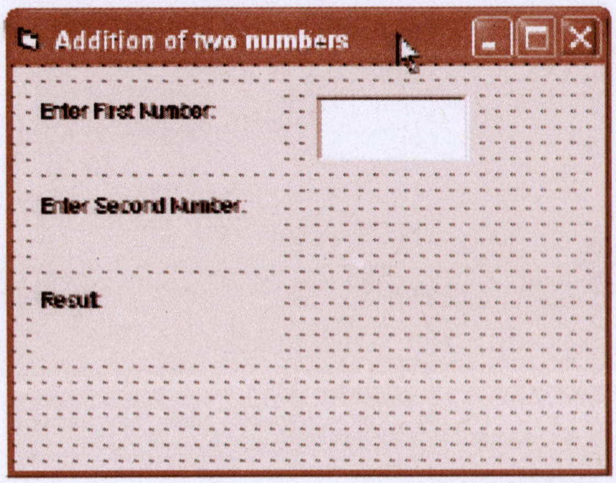

11. Label2 और Label3 के सामने नया टेक्स्ट बॉक्स प्रविष्ट कराने के लिए स्टेप्स 8 और 9 दोहराइए।

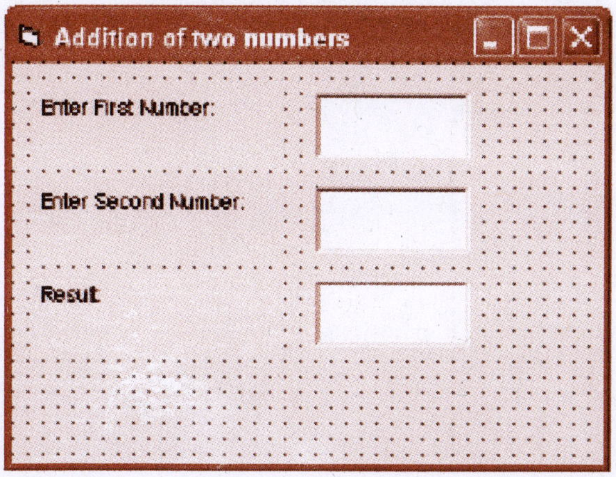

12. टूल बॉक्स पर **Command** बटन  पर दो बार क्लिक करके इसे नीचे बाएँ कोने पर खींचिए।

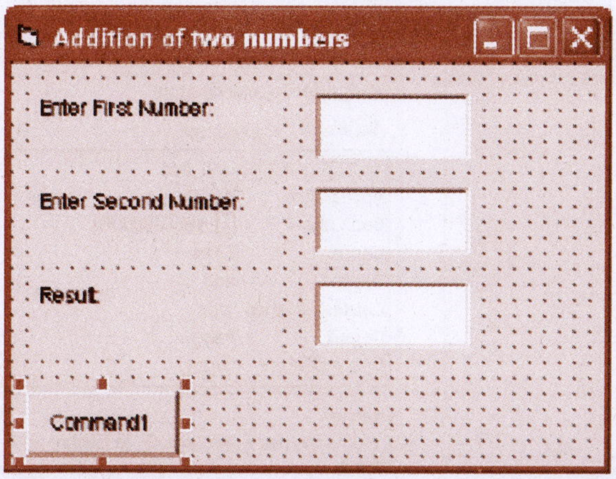

13. अब कमांड की **"Caption property"** प्रॉपर्टीज विंडो से **"Add"** करने के लिए बदलिए।

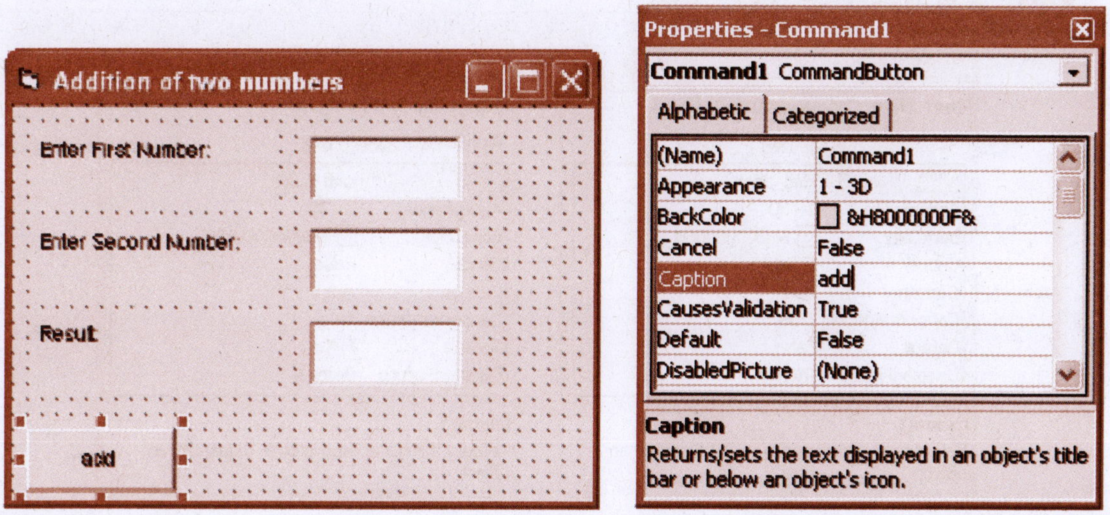

14. अब दो और बटन **command2** व **command3** प्रविष्ट कराइए और उनकी कैप्शन उनकी प्रॉपर्टी क्रमानुसार **Clear** और **Exit** बदलिए।

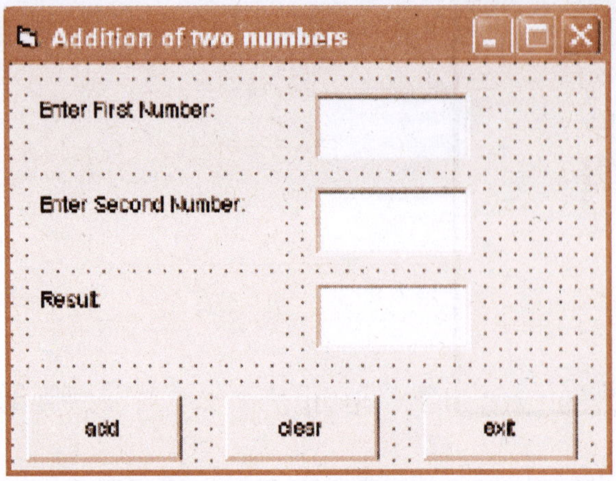

15. अब **Add** सिलेक्ट करिए और प्रॉपर्टीज बॉक्स से **"Name"** प्रॉपर्टी **"cmd_add"** में बदलिए।

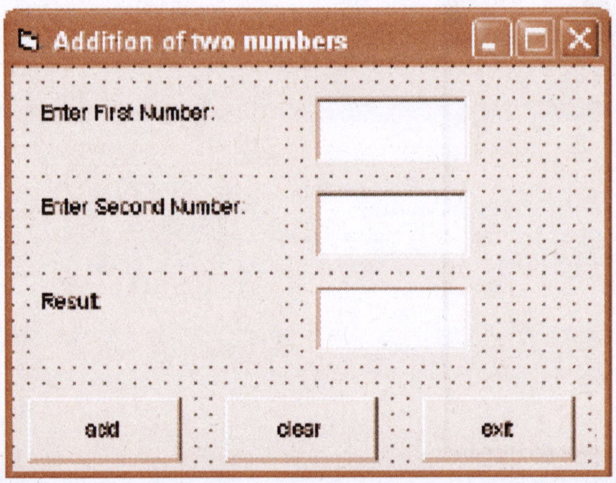

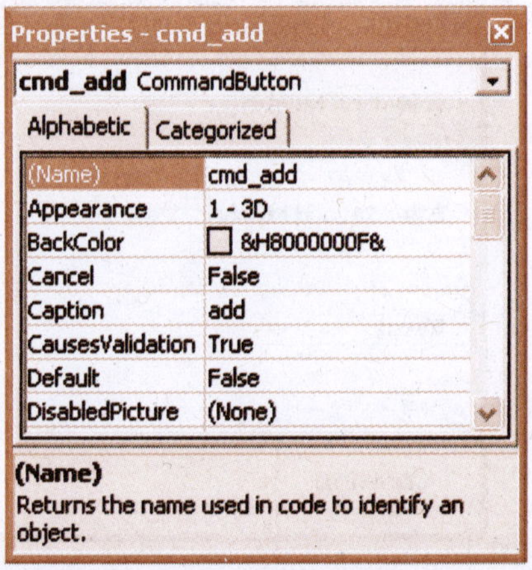

16. अब स्टेप 15 को दोहराते हुए **"Name"** के क्लियर और एग्जिट बटन को **"cmd_clear"** और **"cmd_exit"** में क्रमानुसार बदलिए।

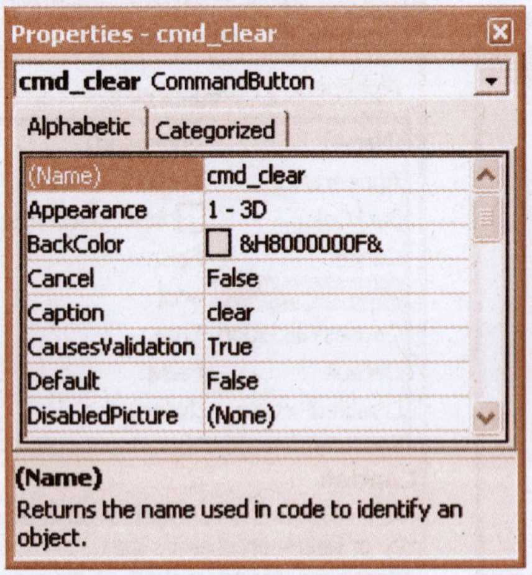

17. अब शीर्ष पर खाली टेक्स्ट बॉक्स सिलेक्ट करिए और प्रॉपर्टीज बॉक्स में **"Name"** प्रॉपर्टी को **"fnum"** में बदलिए। कृपया याद रखिए कि **fnum** पहला नंबर है।

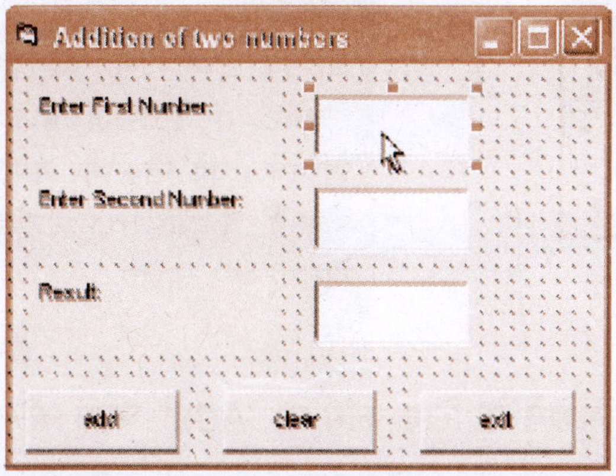

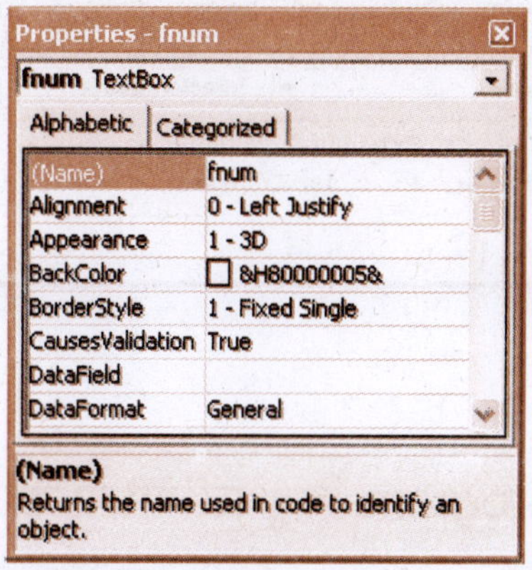

18. दूसरे दोनों टेक्स्ट बॉक्स के प्रॉपर्टी **"Name" "snum"** और **"result"** क्रमशः में बदलने के लिए क्रम 17 का अनुसरण करिए।

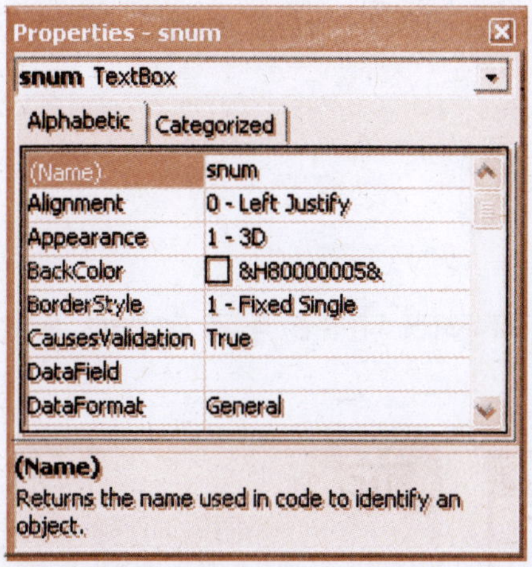

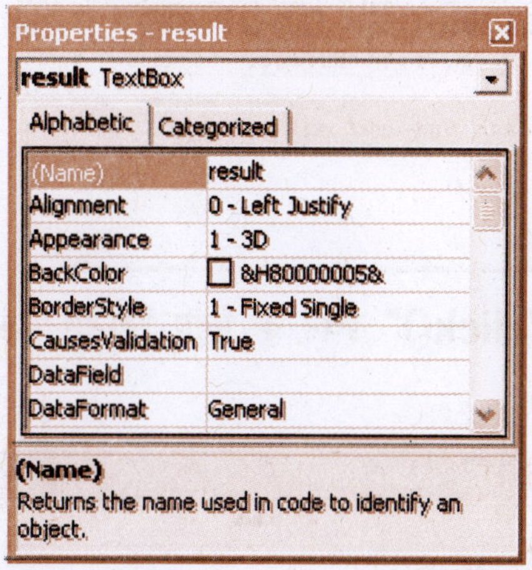

19. जब आपका फॉर्म लगभग बन जाता है, प्रोजेक्ट बार पर आइकन **"View code"** क्लिक करते हुए कोड विंडो खोलिए।

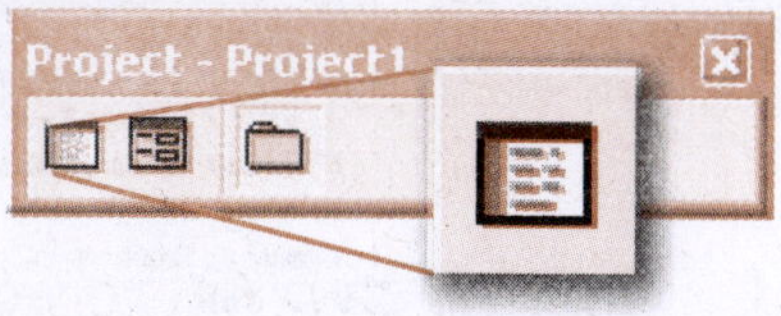

20. **"General"** सिलेक्ट करिए addition of two numbers program में प्रयुक्त वेरिएबल स्थापित करने के लिए।

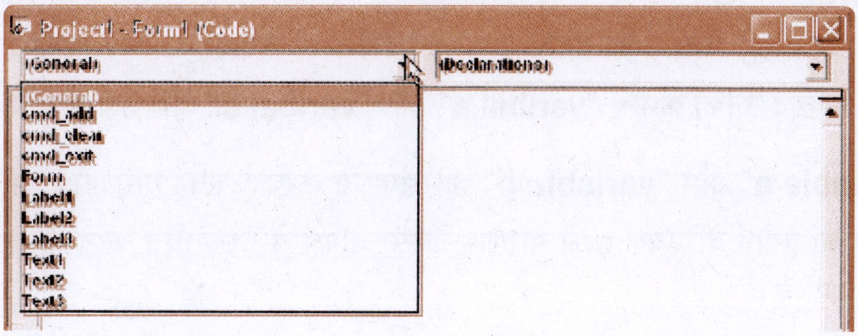

21. **a, b, c** टाइप के **"Integer"** के वेरिएबल्स डिक्लेयर करने के लिए निम्नलिखित विजुअल बेसिक कोड लिखिए।

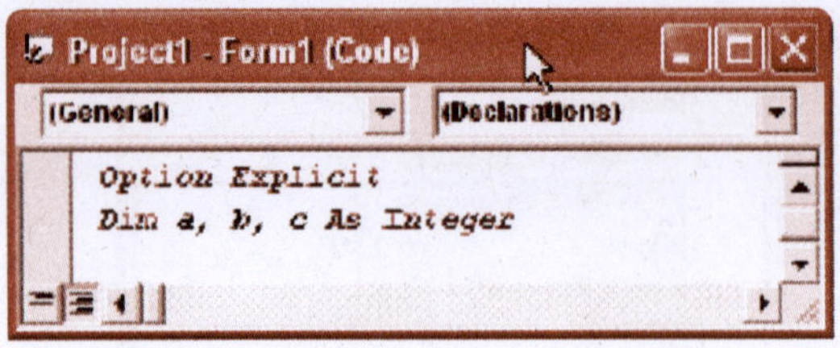

नोट

ऑप्शन एक्सप्लिक्ट का प्रयोग डिम स्टेटमेंट में इस्तेमाल होनेवाले सभी वेरिएबल को डिक्लेयर करने के लिए होता है। ये दूसरे सभी स्टेटमेंट से पहले दिखाए जाने चाहिए।

22. addition program विजुअल बेसिक कोड लिखने के लिए फॉर्म पर "Add" बटन को दो बार क्लिक करिए।

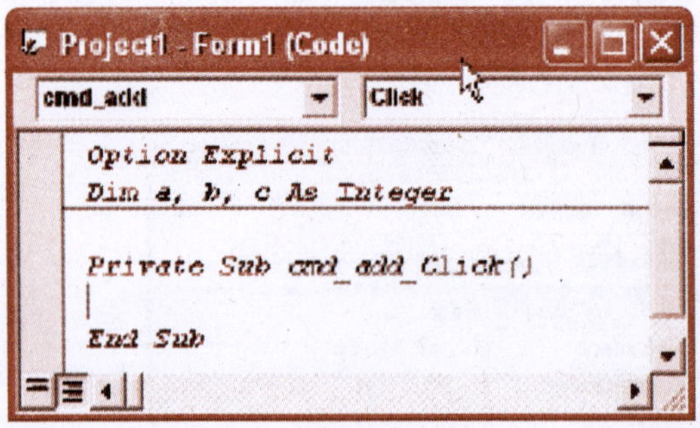

23. कोड विंडो पर **"click()"** इवेंट के लिए निम्नलिखित विजुअल बेसिक कोड "cmd_add" बटन टाइप करिए।

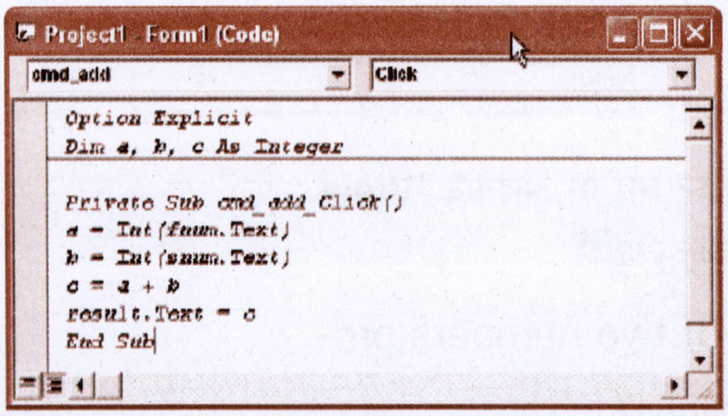

नोट

डिफाल्ट द्वारा टेक्स्ट बॉक्स में जो भी टाइप किया जाता है, वह टेक्स्ट है। हम डेटा टाइप टेक्स्ट की गणना नहीं कर सकते इसलिए हमें टेक्स्ट बॉक्स के डेटा टाइप को int() फंक्शन का प्रयोग करते हुए टेक्स्ट से इंटीजर में बदलना पड़ता है।

a=Int(fnum.Text) का अर्थ है कि **a** वेरिएबिल का नाम है। (fnum) टेक्स्ट बॉक्स का नाम है। **(.Text)** टेक्स्ट बॉक्स प्रॉपर्टीज है और int() फंक्शन का प्रयोग टेक्स्ट को इंटीजर में बदलने के लिए किया है। anum और snum की वैल्यू बदलने के बाद उनको क्रमशः **"varibal a"** और **"varibal b"** वेरिएबल में स्टोर किया गया है।

c = a + b "variable a" और **"variable b"** की संगणना करके उसका परिणाम c में स्टोर किया है। **result.Text=c** का प्रयोग वेरिएबल c से परिणाम टेक्स्ट बॉक्स में हस्तांतरित करने के लिए किया है। c टेक्स्ट बॉक्स की प्रॉपर्टी है।

24. इस प्रोग्राम को एक्जीक्यूट करने के लिए हमें **F5** दबाना होगा या **Run** menu > **Start** सिलेक्ट करना होगा।

25. टेक्स्ट बॉक्स 1 और टेक्स्ट बॉक्स 2 में वैल्यू लिखिए और परिणाम देखने के लिए add बटन पर क्लिक करिए।

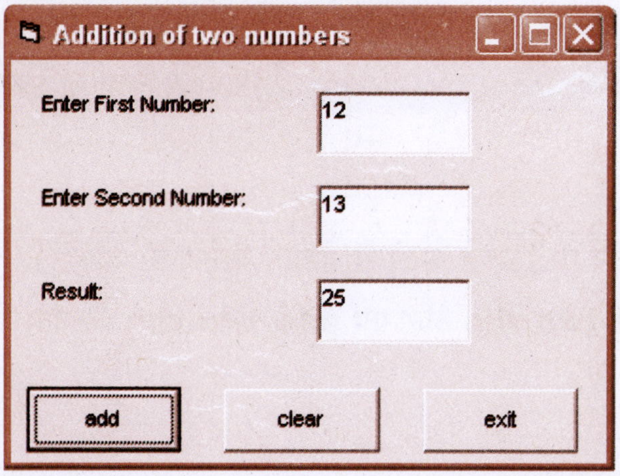

26. अब फॉर्म पर clear बटन क्लिक करिए और निम्नलिखित VB कोड लिखिए।

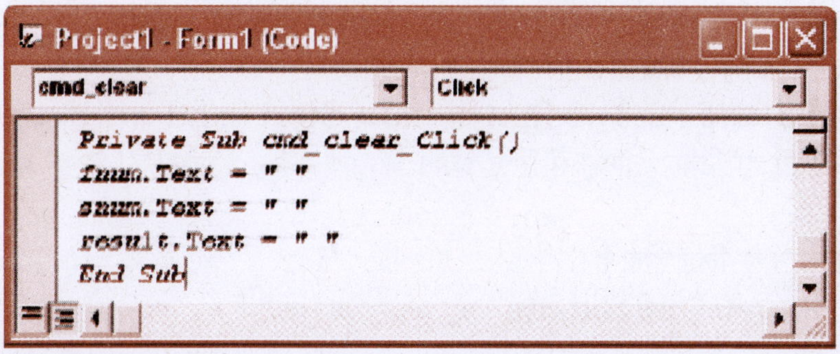

नोट

टेक्स्ट बॉक्स की वैल्यू साफ करने के लिए हम टेक्स्ट बॉक्स में **रिक्त स्थान के साथ डबल कोट** " " वैल्यू की तरह लिखने होंगे।

27. अब प्रोग्राम को दोबारा एक्जीक्यूट करिए और clear बटन का काम जाँचिए।

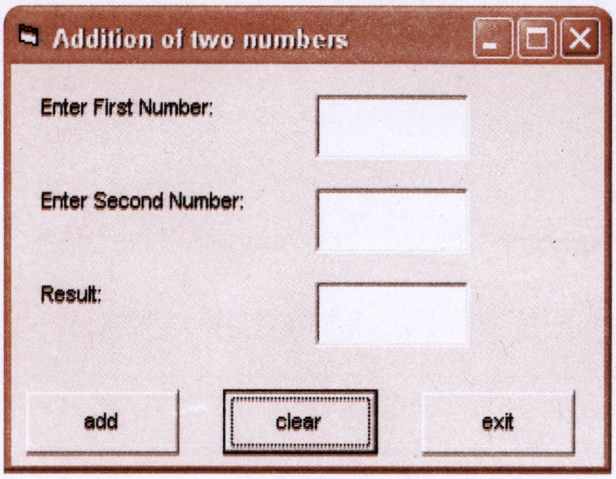

28. exit बटन को डबल क्लिक करिए और फॉर्म क्लोज करने के लिए निम्नलिखित VB कोड लिखिए।

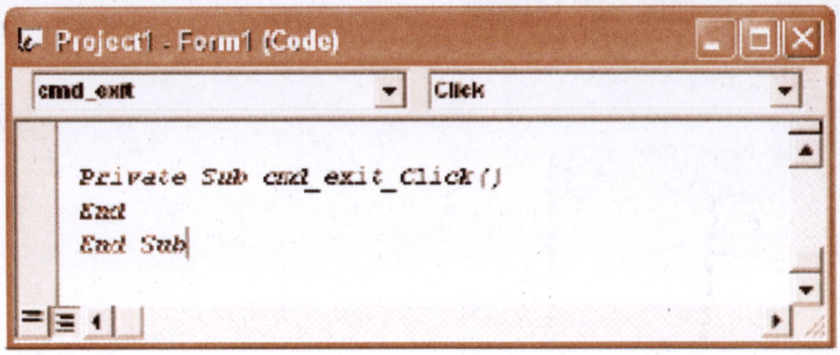

नोट

फॉर्म को बंद करने के लिए **"end"** कमांड का प्रयोग होता है। फॉर्म बंद करने के लिए **"unload me"** का भी प्रयोग किया जा सकता है।

29. प्रोग्राम के एक्जीक्यूशन में बीच में exit बटन पर क्लिक करने से प्रोग्राम क्लोज हो जाएगा।

30. अब फॉर्म **add_two.frm,** प्रोजेक्ट **add_two.vbp** और ग्रुप **add_two.vbg** के नाम से सेव करिए।

याद रखें

1. ऑप्शन एक्सप्लिक्ट का प्रयोग डिम स्टेटमेंट का प्रयोग करके सभी स्टेटमेंट से पहले सभी वेरिएबल को स्पष्ट रूप से बताने के लिए किया जाता है।
2. **(.text)** टेक्स्ट बॉक्स प्रॉपर्टी है।
3. **int()** फंक्शन टेक्स्ट को इंटीजर में बदलने के लिए करते हैं।
4. प्रोग्राम को एक्जीक्यूट करने के लिए हम **F5** दबाना होता है। या **Run menu > Start** सिलेक्ट करना होता है।
5. टेक्स्ट बॉक्स की वैल्यू क्लियर करने के लिए हमें टेक्स्ट बॉक्स में रिक्त स्थान के साथ डबल कोट्स ‘‘ ’’ वैल्यू के रूप में लिखना होता है।
6. **"end"** कमांड का प्रयोग फॉर्म क्लोज करने के लिए होता है।
7. हम फॉर्म क्लोज करने के लिए विकल्प के रूप में **"unload me"** भी प्रयोग कर सकते हैं।

अभ्यास

(अ) प्रोग्राम लिखने के लिए इस अध्याय में वर्णित निम्नलिखित क्रमों का अनुसरण करिए—

अ. दो संख्याओं का जोड़

ब. तीन संख्याओं का गुणनफल

स. पहली संख्या से दूसरी संख्या का भागफल

द. किसी संख्या का वर्ग (स्क्वायर)

च. किसी संख्या का क्यूब

छ. चार संख्याओं का औसत

बहुविकल्पीय प्रश्न

निम्न विकल्पों में से सही विकल्प पर (✔) निशान लगाएँ।

1. **माउस क्लिक के सबरुटीन के लिए आखिरी लाइन 'End Sub' होगी। माउस के दो बार क्लिक के लिए सबरूटीन की आखिरी लाइन होगी—**

   अ. End Sub_Click () ब. End Sub

   स. End Sub_DoubleClick () द. End Sub ()

2. **टेक्स्ट बॉक्स से फॉर्म की वैल्यू क्लियर करने के लिए हमें अटैचमेंट लिखना होगा—**

   अ. VariableName.Text = “ ” ब. VariableName.Text = ‘ ’

   स. VariableName.Text = nul द. VariableName.Text.Clear = True

3. **फॉर्म को क्लोज करने के लिए आप प्रयोग कर सकते हैं**

   अ. End ब. Unload me

   स. अ और ब दोनों द. इनमें से कोई नहीं

4. **int() function का प्रयोग······बदलने के लिए होता है—**

   अ. Numeric text को इंटीजर में ब. अल्फान्यूमेरिक को इंटीजर में

   स. न्यूमेरिक और अल्फाबेट टेक्स्ट को इंटीजर में द. इनमें से कोई नहीं

5. **.Text······ है**

   अ. टेक्स्ट बॉक्स प्रॉपर्टीज ब. लेबल प्रॉपर्टीज

   स. कमांड बटन प्रॉपर्टीज द. इनमें से कोई नहीं

6. **result.Text = a + b**

   इस स्टेटमेंट का अर्थ है—

   अ. वेरिबल a और b का जोड़ टेक्स्ट बॉक्स रिजल्ट में दिखाएगा।

   ब. यूजर रिजल्ट टेक्स्ट बॉक्स में लिखेगा, वह वेरिएबल a और b का जोड़ होगा।

   स. वेरिएवल रिजल्ट और टेक्स्ट का गुणनफल और a और b का जोड़ बराबर होगा।

   द. इनमें से कोई नहीं

7. **ऑप्शन एक्सप्लिक्ट का प्रयोग······ हो सकता है।**

   अ. वेरिएबल को स्पष्ट रूप से बताने के लिए ब. किसी सोर्स कोड से पहले

   स. अ और ब दोनों द. इनमें से कोई नहीं

6 इनपुट लेना, आउटपुट देना

InputBox() / MsgBox()

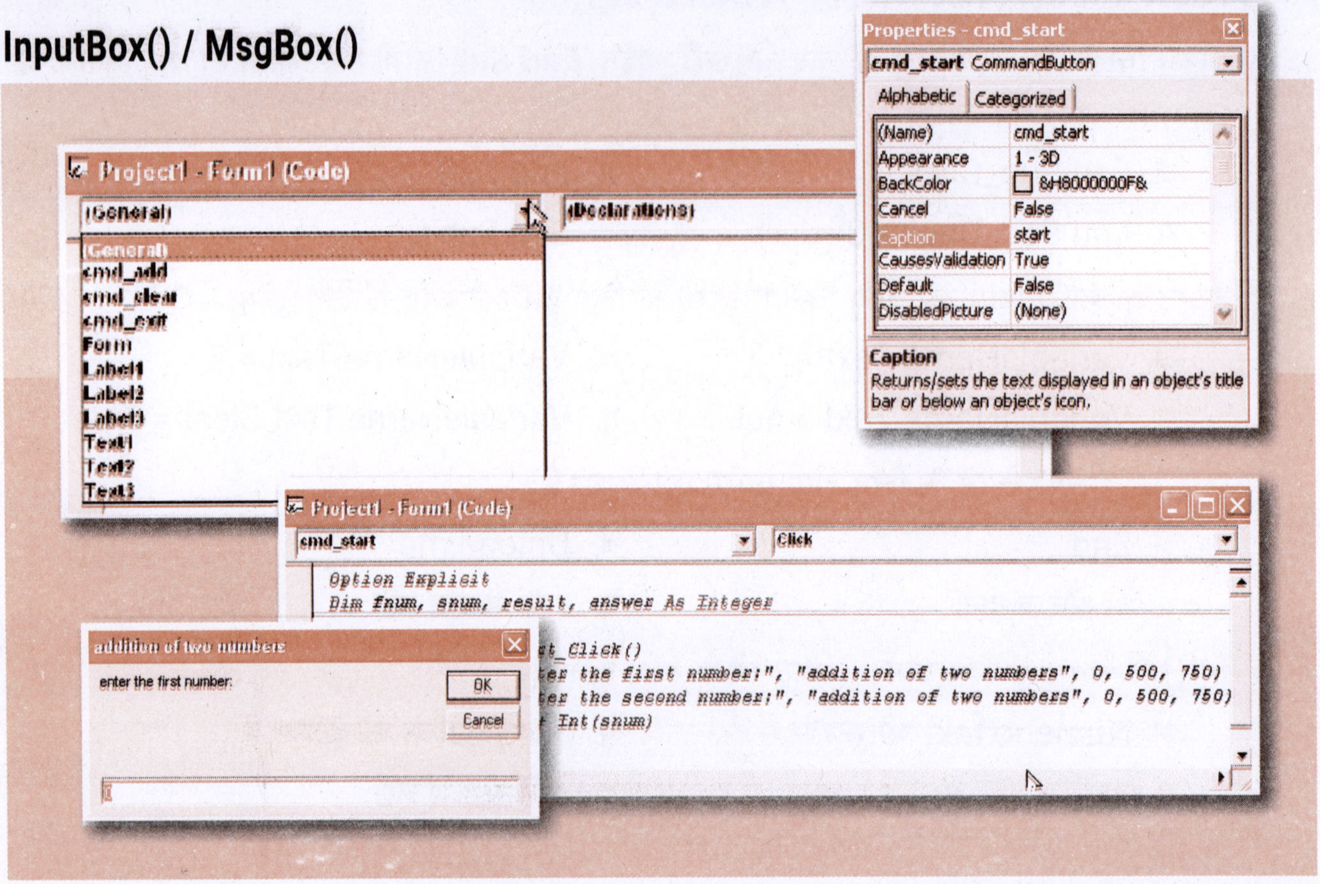

पिछले अध्याय में आपने विजुअल बेसिक कोड का प्रयोग करते हुए प्रोग्राम लिखने का अध्ययन किया। आपने इसकी वास्तविक एप्लीकेशन देखने के लिए प्रोग्राम भी बनाया था। आइए, अब आपका विजुअल बेसिक के कुछ नए फंक्शन से परिचय कराएँ। ये MsgBox() और InputBox() फंक्शन हैं। आप इन फंक्शंस के बारे में कुछ जानते हैं ?

ये दोनों फंक्शंस विजुअल बेसिक के डिफाल्ट फंक्शन हैं, जो यूजर को प्रोग्राम से संपर्क करने की अनुमति देते हैं। पहले हम MsgBox() फंक्शन को विस्तार से समझेंगे। MsgBox() एक फंक्शन है, जो एक पॉप-अप मेसेज बॉक्स का निर्माण करता है। साधारण शब्दों में, यह एक विजुअल बेसिक कमांड है, जो एक मेसेज बॉक्स बनाता है। उदाहरण के लिए—लाइन **MsgBox "Hello"** मेसेज बॉक्स **"Hello"** के साथ लिखेगी।

मेसेज बॉक्स एक आइकन और एक मेसेज कम-से-कम एक कमांड बटन के साथ दरशाता है। कमांड बटन यूजर को मेसेज बॉक्स में मेसेज पढ़ने का मौका देता है और कमांड बटन क्लिक करने पर ऑरग्यूमेंट, जो आप Msg Box() function को भेजते हैं, यह निर्धारित करता है कि मेसेज बॉक्स( ) फंक्शन का कौन सा आइकन मेसेज

और कमांड बटन नंबर दिखाएगा।

निम्नलिखित MsgBox() फंक्शन का प्रारूप हैं—

result = MsgBox(strPrompt, intStyle ,strTitle)

result मेसेज बॉक्स की रिटर्न वैल्यू स्टोर करता है।

strPrompt एक स्ट्रिंग ऑरग्यूमेंट है, जो मेसेज बॉक्स में मेसेज के रूप में दिखता है।

intStyle बटन दिखने के तरीके को निर्धारित करता है।

strTitle टाइटल निर्धारित करता है, जो मेसेज बॉक्स टाइटल बार पर दिखाई देता है।

उदाहरण : result = MsgBox("hello friends", 0, "welcome")

यदि आप यूजर से प्रश्न पूछना चाहते हैं और उत्तर की जल्द आवश्यकता है, टेक्स्ट बॉक्स कंट्रोल इसे बहुत जटिल बना देगा। आप एक दूसरा फंक्शन प्रयोग कर सकते हैं, जो MsgBox() के समकक्ष InputBox() है।

InputBox() फंक्शन का फॉरमेट—

Answer = InputBox(strPrompt, strTitle, strDefault, intXpos, intYpos)

Answer input box की रिटर्न वैल्यू स्टोर करता है।

strPrompt मेसेज या प्रश्न जो आप पूछते हैं, इनपुट बॉक्स में दिखाता है। यह 1,024 अक्षरों जितना लंबा हो सकता है।

strTitle वह टेक्स्ट दिखाता है, जो इनपुट बॉक्स विंडो के टाइटल बार में दिखता है।

strDefault वह डिफाल्ट वैल्यू दिखाती है, जो इनपुट बॉक्स के इनपुट फील्ड में दिखाई देती है।

intXpos, intYpos इस बात का समन्वय करते हैं कि फॉर्म विंडो में इनपुट बॉक्स जहाँ आप चाहते हैं, दिखाता है।

उदाहरण : answer = InputBox ("enter the first number:", "addition of two numbers", 0, 500, 750)

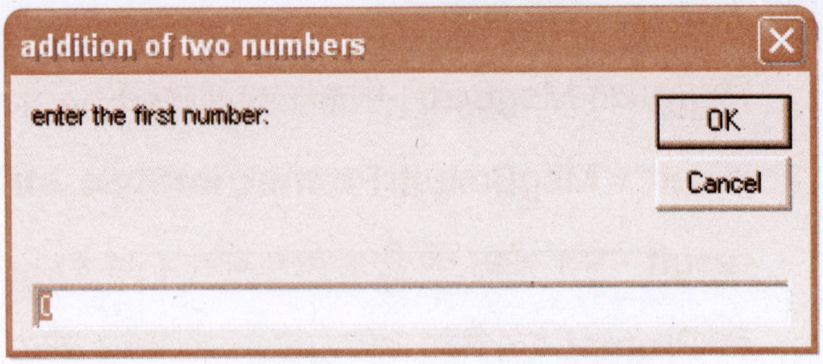

अब क्योंकि हम जानते हैं कि इनपुट बॉक्स और मेसेज बॉक्स कैसे बनाते हैं, हम उनका प्रयोग एडिशन ऑफ टू नंबर्स प्रोग्राम लिखने में करेंगे। निम्नलिखित क्रमों का अनुसरण कीजिए।

1. आइकन  को दो बार क्लिक करके **Start > Programs > Visual Studio 6.0 > Visual Basic 6.0** को सिलेक्ट करके विजुअल बेसिक खोलिए। नई प्रोजेक्ट विंडो खुलती है।
2. **New** प्रोजेक्ट विंडो से **Standard.EXE** सिलेक्ट करिए।

3. एक खाली फॉर्म दिखाई देगा। अब फॉर्म पर एक कमांड बटन प्लेस कीजिए और इसका **Name "cmd_start"** और **"caption"** प्रॉपर्टी को **"start"** में बदलिए।

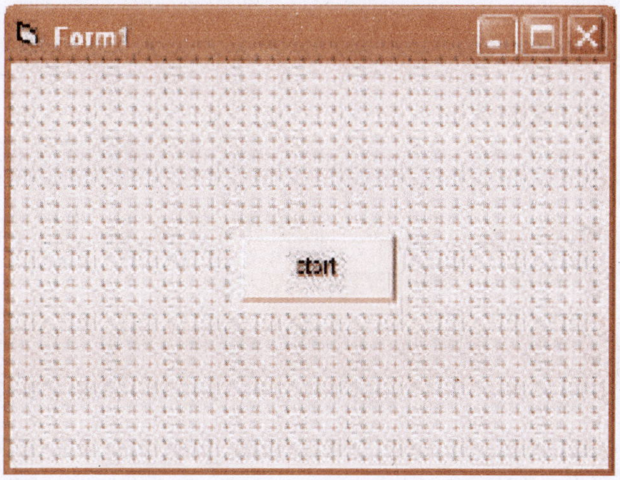

4. प्रोजेक्ट बार पर **View code** आइकन पर क्लिक करके कोड विंडो खोलिए।

5. ड्रॉप डाउन बॉक्स में **"General"** सिलेक्ट करके एडिशन ऑफ टू नंबर्स प्रोग्राम में प्रयुक्त वेरिएबल स्पष्ट करिए।

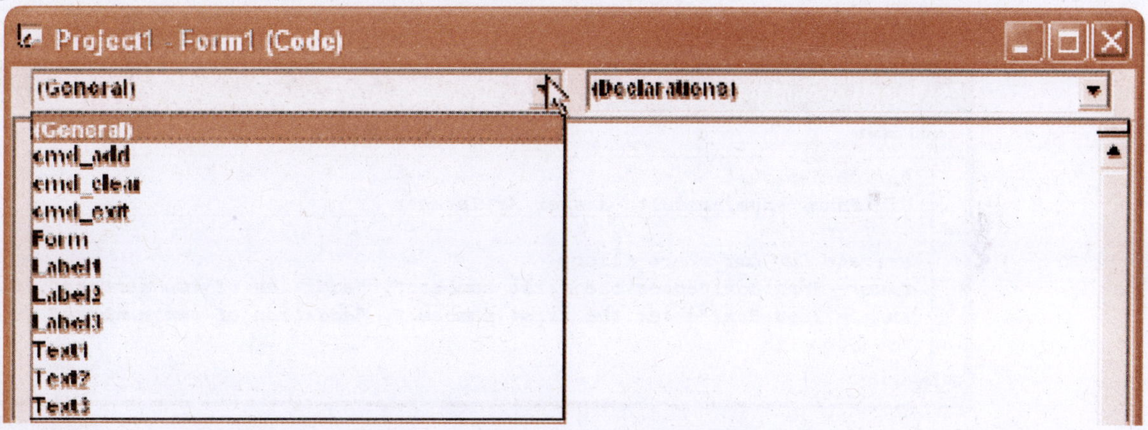

6. कोड विंडो में वेरिएबल स्पष्ट करने के लिए निम्नलिखित कोड लिखिए—

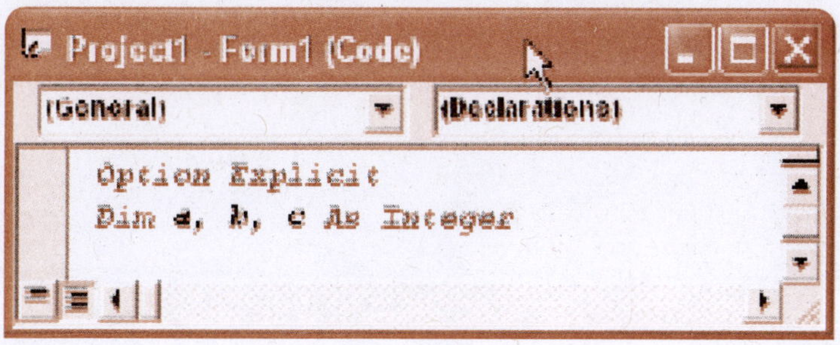

7. **Start** बटन पर दो बार क्लिक करिए और कोड विंडो में निम्नलिखित कोड लिखिए और **fnum** से पहले नंबर का इनपुट देने के लिए कहिए। **InputBox()** फंक्शन के प्रारूप के अनुसार हम निम्नलिखित पैरामीटर्स प्रयोग करना चाहते हैं—

   strPrompt as "enter the first number",

   strTitle as "addition of two numbers",

   default number as "0",

   intXpos as "500 px" and **intYpos** as "750 px" डायलॉग बॉक्स को, जहाँ हम उचित समझें, ठीक प्रकार से प्लेस करने के लिए कोड लिखिए—जैसे दिखाया गया है—

```
Project1 - Form1 (Code)
cmd_start                Click

Option Explicit
Dim fnum, snum, result As Integer

Private Sub cmd_start_Click()
fnum = InputBox("enter the first number:","addition of two numbers", 0, 500, 750)
End Sub
```

8. कोड विंडो में एक और लाइन लिखिए। यूजर को दूसरा नंबर **snum** का input देने के लिए कहिए।

```
Project1 - Form1 (Code)
cmd_start                Click

Option Explicit
Dim fnum, snum, result, answer As Integer

Private Sub cmd_start_Click()
fnum = InputBox("enter the first number:", "addition of two numbers", 0, 500, 750)
snum = InputBox("enter the first number:", "addition of two numbers", 0, 500, 750)
End Sub
```

9. **fnum** और **snum** में स्टोर संख्याओं को जोड़ने के लिए निम्न प्रकार से फॉर्मूला लिखिए। बाई डिफाल्ट इनपुट बॉक्स का डाटा टाइप टेक्स्ट है, इसलिए इनपुट बॉक्स द्वारा प्रदान की गई वैल्यू भी टेक्स्ट कैरेक्टर हैं। टेक्स्ट वैल्यू जोड़ी नहीं जा सकती, इसलिए **fnum** में स्टोर वैल्यू का डेटा बदलने के लिए **Int()** फंक्शन का प्रयोग करते हैं।

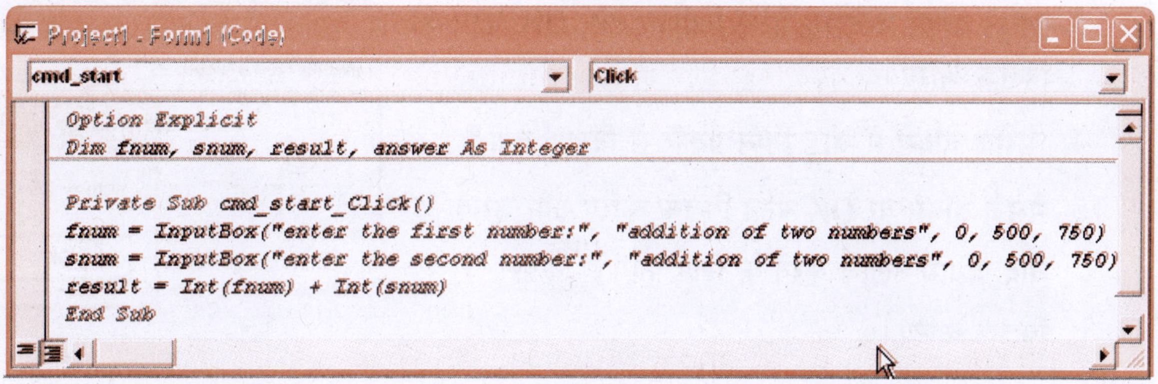

10. जोड़ने के बाद परिणाम **result** में स्टोर हो जाएगा। **MsgBox** का प्रयोग करते हुए परिणाम प्रिंट करने के लिए निम्नलिखित कोड लिखिए।

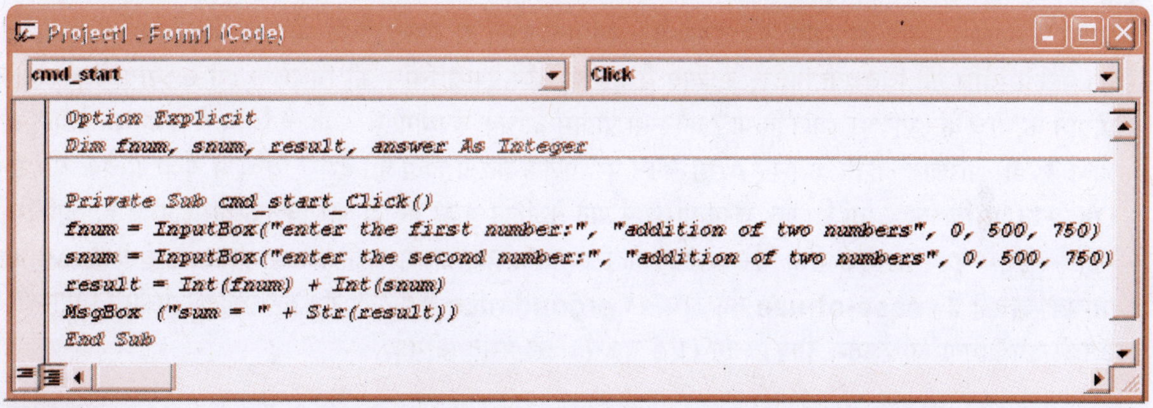

नोट

मेसेज बॉक्स का डेटा टाइप टेक्स्ट है और परिणाम का डेटा टाइप इंटीजर है। अगर मेसेज बॉक्स में किसी इंटीजर वैल्यू का प्रयोग करना चाहते हैं, हमें इसको **str()** फंक्शन का प्रयोग करते हुए टेक्स्ट में बदलना होगा। **"+"** का प्रयोग **"sum="** को **Str (result)** से मिलने के लिए एक ही लाइन में होता है।

11. अब प्रोग्राम एग्जीक्यूट करने के लिए **F5** दबाइए। फॉर्म के **Start** बटन को क्लिक करिए।

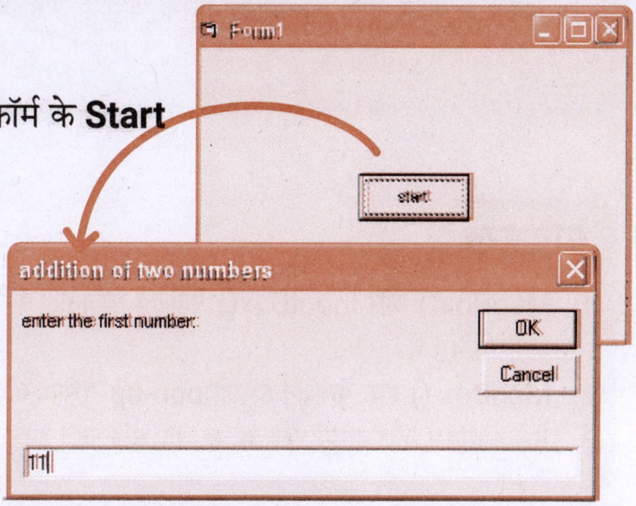

12. इनपुट बॉक्स में वैल्यू लिखिए और **OK** बटन को क्लिक करिए।

13. इनपुट बॉक्स में दूसरी वैल्यू लिखिए और **OK** बटन को क्लिक करिए।

14. मेसेज बॉक्स में जोड़ निम्न प्रकार से दिखाई देता है।

15. मेसेज बॉक्स पर **OK** बटन क्लिक करिए और उसके बाद प्रोग्राम क्लोज करने के लिए फॉर्म ☒ पर क्लिक करिए।

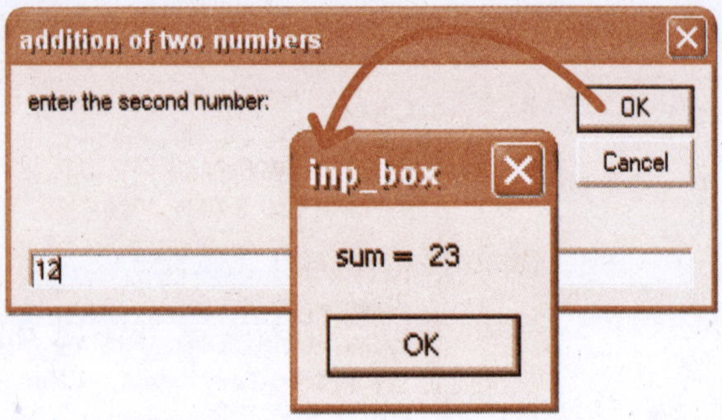

16. फॉर्म को **inp_box.frm** के नाम से और प्रोजेक्ट को **inp_box.vbp** के नाम से सेव करिए।

अतिरिक्त जानकारी : प्रयोग में आसान, लोगों का प्यारा और उपयोगी

प्रयोग में आसान, लोगों का प्यारा और उपयोगी। अब तक हमने दो संख्याओं के जोड़ के प्रोग्राम की दो विधियों का प्रयोग किया है। पहली विधि की विवेचना पिछले अध्याय में हुई थी और दूसरी विधि की विवेचना इसे अध्याय में हुई है। क्या आपने दोनों प्रोग्राम के बीच के अंतर पर ध्यान किया? कौन सा प्रोग्राम अधिक उपयोगी है? पहली विधि में यूजर को केवल संख्या टाइप करनी होती है और परिणाम जानने के लिए Add बटन पर क्लिक करना होता है। दूसरी विधि में यूजर प्रत्येक बार इनपुट देता है और OK बटन पर क्लिक करता है। एक जैसा परिणाम पाने के लिए यूजर को दो बार क्लिक करने पड़ते हैं। अतिरिक्त क्लिक उचित नहीं है। इसमें यूजर को एक जैसा परिणाम पाने के लिए अतिरिक्त प्रयास करने की आवश्यकता होती है। इस प्रकार पहली विधि अधिक अच्छी है। **ease-of-use** का अध्ययन **ergonomics** कहलाता है। यह ज्यादा उपयोगी प्रोग्राम है। परिणामस्वरूप उनकी उपयोगिता अधिकतम होगी। लोग (एंड यूजर्स) इसे पसंद करेंगे।

अतिरिक्त जानकारी : वेलिडेशन और टेस्टिंग

क्या आपने। A, ZB, 4B+2, 49987645112354567895454 4782.203 की तरह इनपुट देने की कोशिश की है? आपने क्या ध्यान दिया? अगर यूजर गलत इनपुट देता है तो प्रोग्राम अचानक बंद हो जाएगा या क्रैश कर जाएगा। इसे रोकने के लिए प्रोग्राम एक तकनीक का प्रयोग करता है, जो इनपुट **Validation** कहलाती है। अगर इनपुट वैल्यू ठीक नहीं है या डेटा गलत हो तो प्रोग्राम उचित इनपुट वैल्यू देने के लिए एरर या चेतावनी देगा और प्रोग्राम क्रैश नहीं होगा। इसी प्रकार आउटपुट के ठीक प्रकार से काम करने का परीक्षण करना चाहिए। यह प्रोग्राम **टेस्टिंग** कहलाता है।

याद रखें

1. MsgBox() और InputBox() फंक्शन विजुअल बेसिक में इनबिल्ट फंक्शन हैं, जो यूजर को प्रोग्राम से संपर्क करने की अनुमति देते हैं।
2. MsgBox () एक फंक्शन है, जो pop-up मेसेज बॉक्स बनाता है।
3. मेसेज बॉक्स और इनपुट फील्ड का यह सम्मिलन इनपुट बॉक्स कहलाता है।

अभ्यास

(अ) निम्नलिखित प्रश्नों के उत्तर दीजिए—

1. मेसेज बॉक्स क्या है ?
2. मेसेज बॉक्स फंक्शन के फॉरमेट का वर्णन कीजिए।
3. इनपुट क्या है ?
4. इनपुट बॉक्स फंक्शन के फॉरमेट का वर्णन कीजिए।

(ब) इस अध्याय में वर्णित क्रमों का अनुसरण करते हुए निम्नलिखित के लिए इनपुट और मेसेज बॉक्स का प्रयोग करते हुए प्रोग्राम लिखिए—

अ. दो संख्याओं को घटाना

ब. तीन संख्याओं का गुणनफल

स. पहली संख्या का दूसरी से भागफल

द. किसी संख्या का स्क्वायर

च. किसी संख्या का क्यूब

छ. चार संख्याओं का औसत

ज. एक कैलकुलेटर बनाइए, जो उपर्युक्त सभी को एक प्रोग्राम में कर सके।

बहुविकल्पीय प्रश्न

निम्न विकल्पों में से सही विकल्प पर (✔) निशान लगाएँ।

1. प्रोग्राम एक्जीक्यूट करने के लिए ······ दबाएँ।

अ. F1 ब. F3

स. F5 द. F7

2. ······ फंक्शन का प्रयोग वैल्यू के डेटा प्रकार को इंटीजर में बदलने के लिए करते हैं।

अ. Str() ब. Int()

स. MsgBox() द. InputBox()

3. अगर हम मेसेज बॉक्स में किसी इंटीजर का प्रयोग करना चाहते हैं तो इसे टेक्स्ट में बदलने के लिए ···· का प्रयोग करते हैं।

अ. Str() ब. Int()

स. MsgBox() द. Inputbox()

4. ······ का प्रयोग एक लाइन में टेक्स्ट को इंटीजर के साथ मिलाने के लिए करते हैं।

अ. "-" ब. "+"

स. "*" द. "/"

7 वीडियो क्या है ?

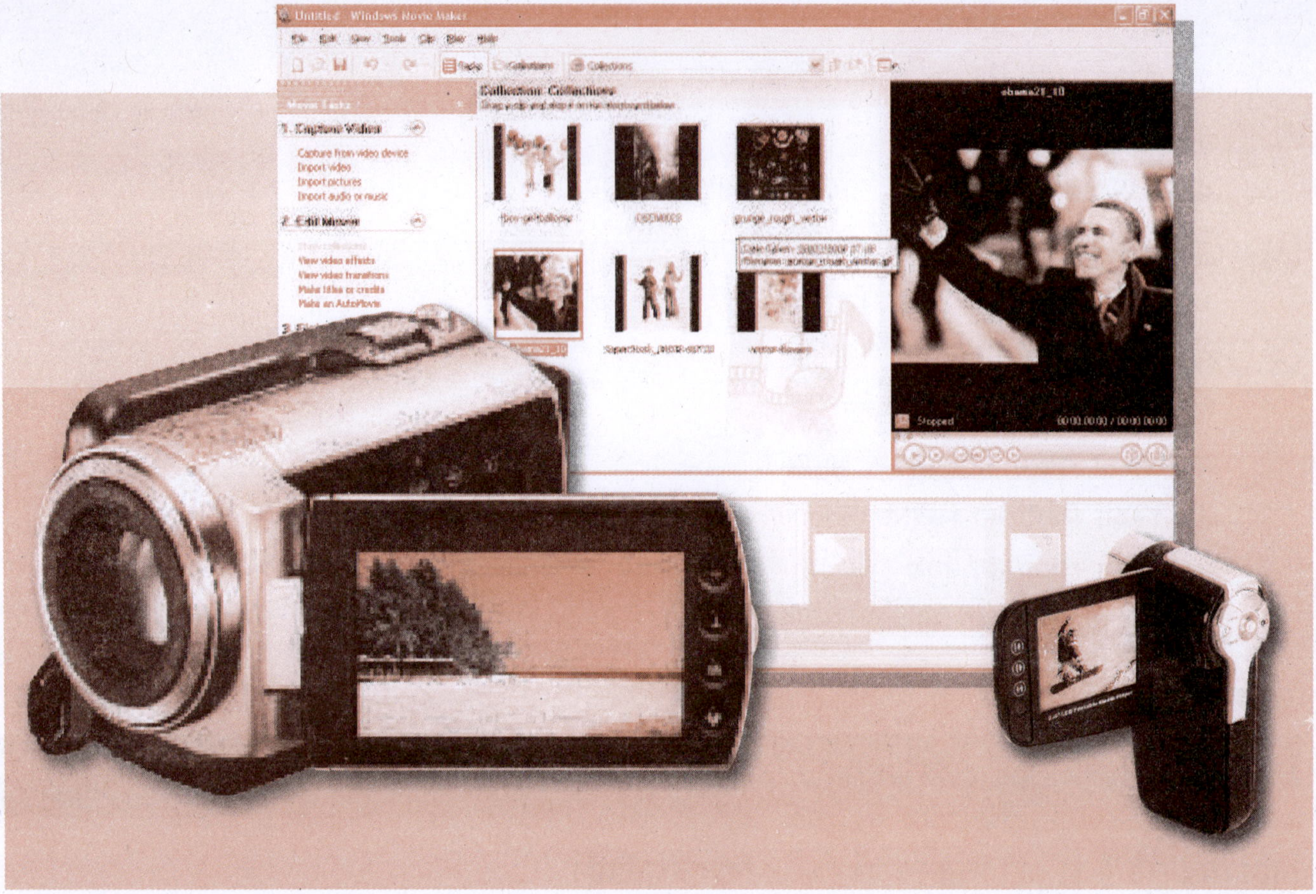

आप अकसर अपने कंप्यूटर पर मूवी और गाने देखते होंगे। आप उन्हें वीडियो कहते हैं। लेकिन क्या आप वीडियो का वास्तविक अर्थ जानते हैं ?

इस अध्याय में आप जानेंगे कि वीडियो क्या है और इससे संबंधित दूसरी जानकारी के बारे में पढ़ेंगे।

वीडियो क्या है ?

वीडियो का अर्थ है इलेक्ट्रॉनिकली फोटोग्राफी, रिकॉर्डिंग करना और इमेज को एक क्रम में आगे बढ़ते हुए दृश्य में बदलना।

नोट

वीडियो एडीटिंग आरंभ करने से पहले हमें इसे हैंडीकैम, डिजीटल कैमरे, वेब कैम, मोबाइल फोन आदि से रिकॉर्ड करना चाहिए या हम कोई डाउनलोडेड या पहले से रिकॉर्ड वीडियो को एडिट कर सकते हैं। एडिटिंग के लिए इस्तेमाल किए जानेवाले रिकॉर्डेड वीडियो को **फुटेज** कहते हैं। फुटेज कंप्यूटर पर प्ले किया जाता है और हार्ड ड्राइव पर कैप्चर किया जाता है।

अतिरिक्त जानकारी : HI डेफिनेशन या HD वीडियो

हाई-डेफिनेशन वीडियो या HD वीडियो का अर्थ है स्टैंडर्ड डेफिनेशन (SD) वीडियो या डिजिटल वीडियो (DV) से अधिक रेज्यूलेशन का कोई वीडियो साधारणतया 1280×720 पिक्सेल (720p) या 1920×1080 पिक्सेल (1080i×1080p) का डिसप्ले रिज्यूलेशन का प्रयोग होता है यह लंबाई में डिसप्ले रेज्यूलेशन को बहुत सारी लाइनों के माध्यम से दरशाता है। हाई-डेफिनेशन टेलीविजन (HDTV) (High Definition television) का रेज्यूलेशन 1080 या 720 लाइन है। कृपया ध्यान रखिए कि DVD क्वालिटी हाई डेफिनेशन नहीं है। हाई डेफिनेशन क्वालिटी ब्लू-रे डिस्क (Blue~ray Discs) में उपलब्ध है। आधुनिक टी.वी. सिस्टम, जो हाई डेफिनेशन क्वालिटी दिखा सकते हैं, HDTV कहलाते हैं। आजकल हाई डेफिनेशन कैमरे और वीडियो बहुत लोकप्रिय हो रहे हैं।

कैप्चरिंग क्या है?

ऑडियो या वीडियो को कंप्यूटर में डिजिटल डेटा के रूप में रिकॉर्ड करना कैप्चरिंग कहलाता है।

कैप्चरिंग डिवाइस क्या है?

हार्डवेयर डिवाइसेज, जो ऑडियो या वीडियो को बाहरी स्रोत जैसे कि वी.सी.आर., हैंडी कैम, वैब कैम, डी. वी. कैमरा, टी.वी. से कंप्यूटर में ट्रांसफर करें तो वह कैप्चरिंग डिवाइस कहलाती हैं। जब आप मोबाइल फोन, वेब कैम या आधुनिक डिजिटल कैमरे (जो डी.वी.डी. या मेमोरी कार्ड पर सीधे रिकॉर्ड करता है) से रिकॉर्ड करते हैं तो आपको कैप्चरिंग डिवाइस की आवश्यकता नहीं होती है। आप आसानी से अपने कंप्यूटर पर फाइल्स कॉपी या स्टोर कर सकते हैं, जो एडिट करने के लिए तैयार हैं। लेकिन फाइल को आपके कंप्यूटर में ट्रांसफर के लिए आपको विशिष्ट केबल (यू.एस.बी., फायरवायर), मेमोरी कार्ड रीडर या डी.वी.डी. ड्राइव की आवश्यकता हो सकती है।

वीडियो एडिटिंग क्या है?

वीडियो एडिटिंग का अर्थ है कैप्चर किए गए वीडियो को आवश्यकतानुसार व्यवस्थित करना। वीडियो को व्यवस्थित करना उसे दोबारा व्यवस्थित करने की प्रक्रिया है या एक दूसरा वीडियो बनाने के लिए **फुटेज** के भागों को नया रूप देना। वीडियो एडिटिंग की क्रिया फिल्म एडिटिंग के समान है। वीडियो एडिटिंग में निम्नलिखित क्रियाएँ सम्मिलित हैं—

1. अनचाहे फुटेज या वीडियो भाग को हटाना।
2. इच्छित फुटेज को अलग करना।
3. तय समय का एक नया वीडियो बनाने के लिए फुटेज को व्यवस्थित करना।
4. संगीत ट्रैक और टाइटल जोड़ना।
5. वीडियो बनाना और ट्रांजिशन इफेक्ट्स देना।

तैयार वीडियो विभिन्न प्रकार के डिवाइस से वितरित किया जा सकता है, जिसमें डी.वी.डी., वेब स्ट्रीमिंग, क्विक टाइम मूवीज, आई पॉड, सी.डी. रोम या वीडियो टेप सम्मिलित हैं।

वीडियो एडिटिंग किसी वीडियो एडिटिंग सॉफ्टवेयर जैसे एडोब प्रीमियर, एडोब प्रीमियर एलिमेंट्स, फाइनल

कट एक्सप्रेस, सोनी वेगास, पिनैकल स्टूडियो, यूलेड वीडियो स्टूडियो, मैजिक्स मूवी एडिट प्रो और मूवी ऑटो प्रोड्यूसर आदि का प्रयोग कर सकते हैं। आप इन प्रोग्राम्स का प्रयोग अपने कंप्यूटर पर घर/स्कूल में मूवी बनाने के लिए कर सकते हैं। कृपया ध्यान रखिए, ये सभी प्रोग्राम व्यावसायिक प्रोग्राम हैं। इनका प्रयोग करने के लिए इन्हें खरीदना होगा। संयोग से, विंडोज XP के साथ मुफ्त एप्लीकेशन, जो मूवी मेकर कहलाता है, आता है। आप दूसरे मुफ्त एप्लीकेशन भी इंटरनेट पर ढूँढ़ सकते हैं। गूगल पर ओपन सोर्स वीडियो एडिटिंग ढूँढ़ने की कोशिश करिए। अपनी खोज हमारी आधिकारिक साइट **www.mtgcss.com/forum** पर बताइए। हम वीडियो एडिटिंग के लिए माइक्रोसॉफ्ट विंडोज मूवी मेकर का प्रयोग करेंगे।

सपोर्टेड फाइल टाइप्स (विंडोज मूवी मेकर)

आप मूवी मेकर प्रोजेक्ट के लिए या तो मूवी सीधे कैप्चर करके या पहले से सुरक्षित डिजिटल मीडिया फाइल को इंपोर्ट करके विंडोज मूवी मेकर में सेव कर सकते हैं। मूवी का भाग, जो आप विंडोज मूवी मेकर में सेव करते हैं, वह wmv (वीडियो के लिए) और wma (ऑडियो के लिए) में सेव करते हैं। आप पहले से मौजूद विंडोज मीडिया आधारित फाइल के साथ-साथ कॉमन फाइल फॉरमेट भी इंपोर्ट कर सकते हैं।

आप अपने प्रोजेक्ट में प्रयोग के लिए निम्नलिखित फाइल नेम एक्सटेंशन की फाइलें विंडोज मूवी मेकर में इंपोर्ट कर सकते हैं—

- **ऑडियो फाइलें :** .aif, .aifc, .aiff, .asf, .au, .mp2, .mp3, .mpa, .snd, .wav और .wma
- **पिक्चर फाइलें :** .bmp, .dib, .emf, .gif, .jfif, .jpe, .jpeg, .jpg, .png, .tif, .tiff और .wmf
- **वीडियो फाइलें :** .asf, .avi, .m1v, .mp2, .mp2v, .mpe, .mpeg, .mpg, .mpv2, .wm और .wmv

बाई डिफोल्ट कैप्चर्ड फाइनल एडिटेड वीडियो आपके कंप्यूटर पर विंडोज मूवी मेकर द्वारा **विंडोज मीडिया वीडियो (wmv)** या **ऑडियो विंडोज इंटरलिव्ड (av1)** फाइल टाइप में सेव होता है।

याद करें

1. एडिटिंग के लिए प्रयुक्त रिकॉर्डेड वीडियो फुटेज कहलाता हैं।
2. कैप्चर्ड वीडियो को व्यवस्थित करने की क्रिया को वीडियो एडिटिंग कहते हैं।
3. वीडियो मूवी मेकर में कैप्चर किए हुए वीडियो को (wmv) और (wma) फाइल एक्सटेंशन के साथ सेव करते हैं।
4. फाइनल वीडियो फाइलें wmv (विंडो मीडिया वीडियो) या avi (ऑडियो वीडियो इंटरलिव्ड) के रूप में सेव होती हैं।

अभ्यास

(अ) रिक्त स्थान भरें—

1. ·········कंप्यूटर में प्ले कर सकते हैं और हार्ड ड्राइव पर कैप्चर कर सकते हैं।

2. ………फिर से व्यवस्थित करने या (वीडियो के) हिस्सों को नया रूप देने की क्रिया है।………दूसरा वीडियो पीस निर्माण करना है।

3. मुफ्त प्रोग्राम, जो विंडोज XP के साथ आता है,………कहलाता है।

4. बाई डिफाल्ट, कैप्चर्ड फाइनल एडिटेड वीडियो आपके कंप्यूटर पर विंडोज मूवी मेकर द्वारा… … … या फाइल टाइप में सेव होता है।

(ब) निम्नलिखित प्रश्नों के उत्तर लिखिए—

1. वीडियो क्या है?
2. वीडियो कैप्चरिंग क्या है?
3. कैप्चर डिवाइस क्या है?
4. वीडियो एडिटिंग क्या है?
5. विंडोज मूवी मेकर के लिए सपोर्टेड फाइल टाइप लिखिए।
6. वीडियो एडिटिंग के क्रियाकलाप लिखिए।

बहुविकल्पीय प्रश्न

निम्न विकल्पों में से सही विकल्प पर (✔) निशान लगाएँ।

1. वीडियो का ट्रांसफर निम्नलिखित में से किस तरीके से नहीं हो सकता है?

अ. DVD और वेब स्ट्रीमिंग
ब. क्विक टाइम मूवीज और आईपॉड
स. CD-ROM और वीडियोटेप
द. JPEG और BMP

2. निम्नलिखित में से कौन सा ऑडियो फाइल के लिए उपयुक्त फॉरमेट नहीं है?

अ. .tif, .tiff, और .wmf
ब. .aif, .aifc, .aiff .asf
स. .au, .mp2, .mp3, .mpa
द. .snd, .wav और .wma

3. निम्नलिखित में से कौन सा पिक्चर फाइल के लिए उपयुक्त फॉरमेट नहीं है?

अ. .bmp, .dib, .emf, .gif,
ब. .jpe, .jpeg, .jpg
स. .snd, .wav और .wma
द. .png, .tif, .tiff और .wmf

4. निम्नलिखित में सा कौन से वीडियो फाइल फॉरमेट के लिए उपयुक्त नहीं है?

अ. .asf, .avi, .m1v, .mp2,
ब. .snd, .wav और .wma
स. .mp2v, .mpe, .mpeg, .mpg,
द. .mpv2, .wm और .wmv

5. इस यूजर फ्रेंडली सॉफ्टवेयर का प्रयोग करके हम वीडियो एडिट कर सकते हैं; जैसे—

अ. एडोब प्रीमियर एलीमेंट्स, AVID एक्सप्रेस डीवी, साइबर लिंक पॉवर डायरेक्टर
ब. फाइनल कट एक्सप्रेस, सोनी वेगास, पिनेकल स्टूडियो, यूलीड वीडियो स्टूडियो
स. रॉक्सियो इजी मीडिया क्रिएटर, मैजिक्स मूवी एडिट प्रो और मूवी ऑटो प्रोड्यूसर
द. उपर्युक्त सभी

8 मूवी मेकर का परिचय

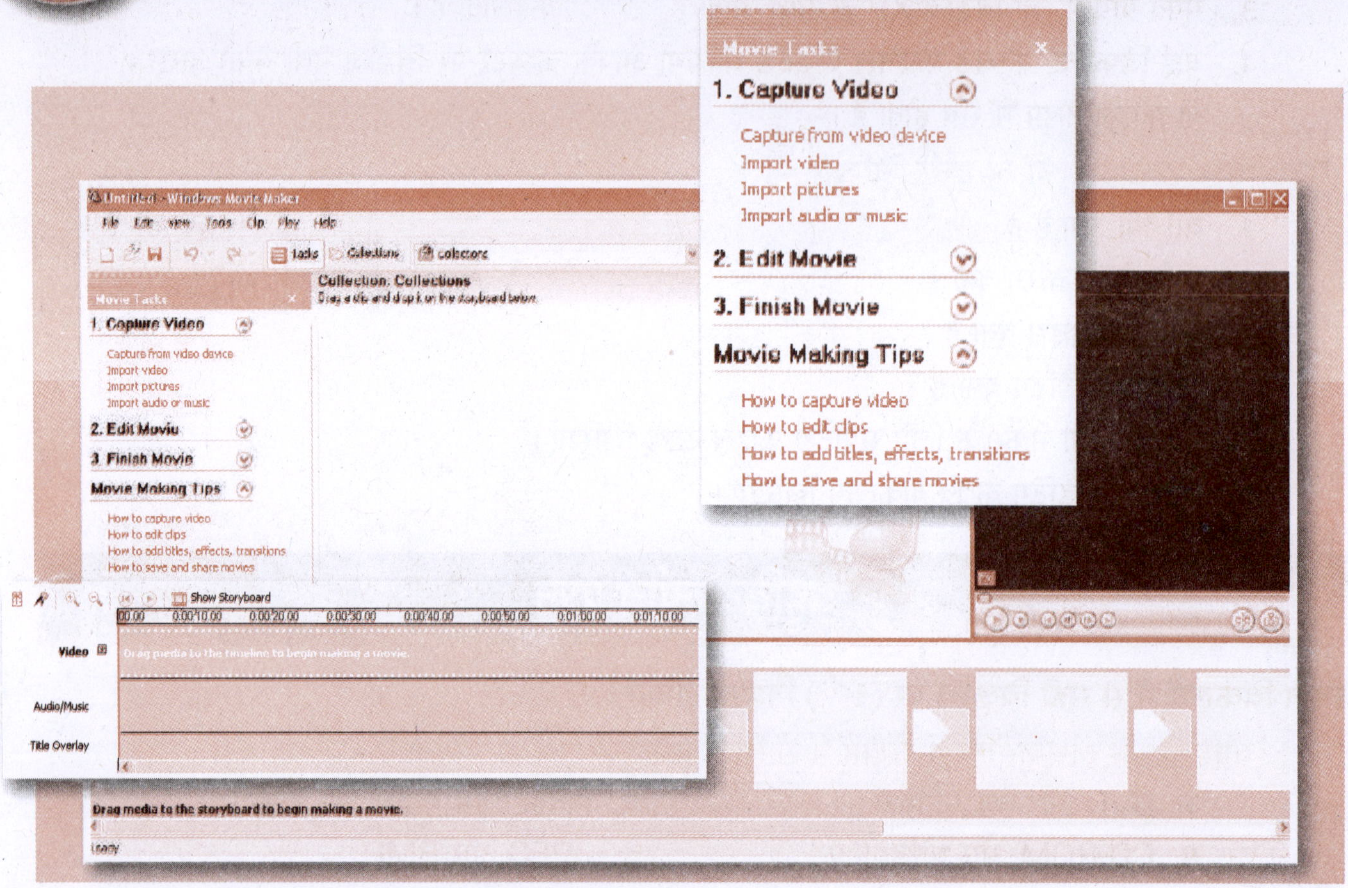

मूवी मेकर से पिछले अध्याय में वीडियो एडिटिंग के संदर्भ में आपका परिचय कराया गया था। इस अध्याय में आप मूवी मेकर और उसके महत्त्व के बारे में पढ़ेंगे।

मूवी मेकर का परिचय Windows Movie Maker

विंडोज मूवी मेकर एक बेसिक वीडियो एडिटिंग/क्रिएटिंग सॉफ्टवेयर है। विंडोज मूवी मेकर का प्रयोग आप अपने कंप्यूटर पर वीडियो कैमरे, वेब कैमरे या दूसरे वीडियो स्रोत से ऑडियो या वीडियो कैप्चर करने के लिए कर सकते हैं और कैप्चर्ड (वीडियो) फुटेज का प्रयोग अपनी मूवी में कर सकते हैं। अपनी बनाई हुई मूवी में आप पहले से मॉजूद ऑडियो, वीडियो या स्टिल पिक्चर इंपोर्ट कर सकते हैं। विंडोज मूवी मेकर में ऑडियो/वीडियो के भाग की एडिटिंग कर सकते हैं, जिसमें टाइटल, वीडियो ट्रांजेक्शन और स्पेशल इफेक्ट्स जोड़कर फाइनल मूवी सेव कर सकते हैं। उसे अपने परिवार और दोस्तों को दिखा सकते हैं।

विंडोज मूवी मेकर इंटरफेस को समझना

विंडोज मूवी मेकर का यूजर इंटरफेस तीन मुख्य भागों में बाँटते हैं—मेन्यू बार एवं टूलबार, पैन्स और स्टोरीबोर्ड एवं टाइमलाइन में।

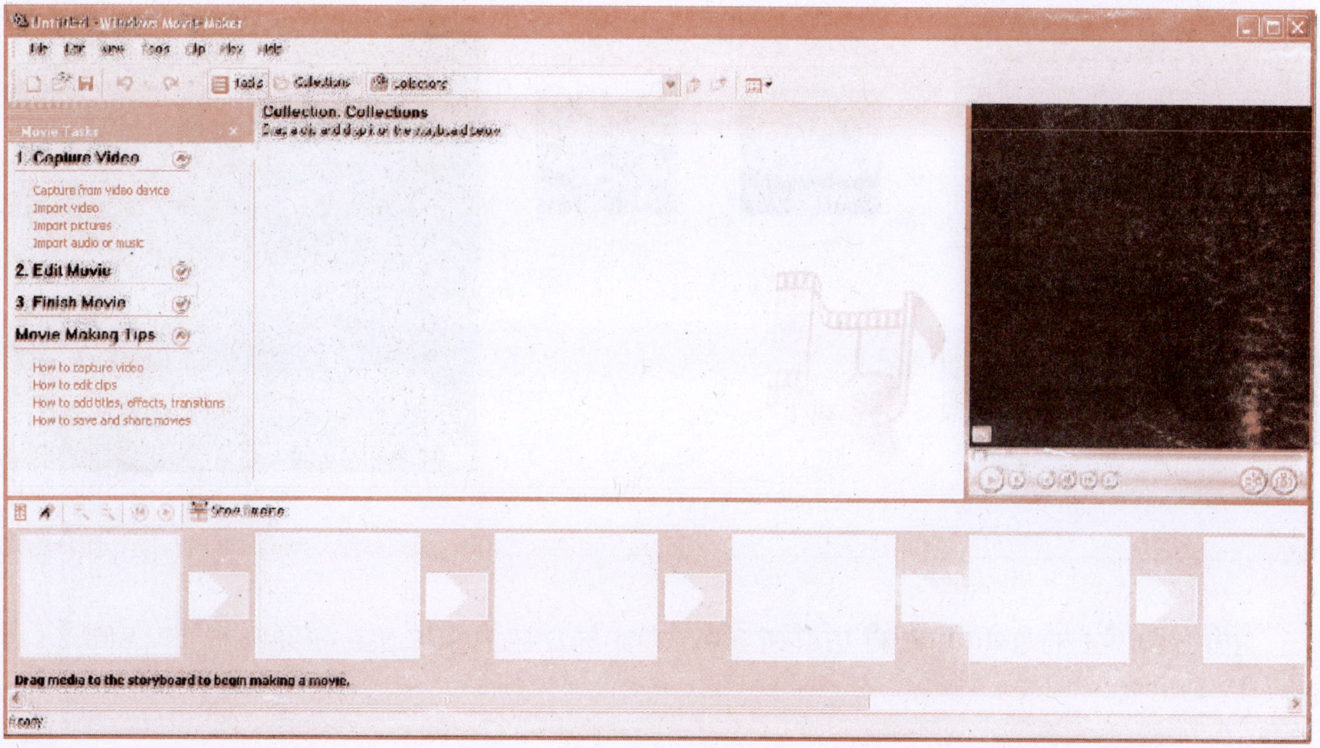

मेन्यू बार

विंडोज मूवी मेकर में काम करने के लिए आप मेन्यू बार से कमांड्स दे सकते हैं। मेन्यू बार कमांड्स का प्रयोग करके कार्य को पूरा करने की प्रक्रिया समझाई गई है।

टूलबार

मेन्यू पर कमांड चुनने का विकल्प प्रदान करता है। टूलबार का प्रयोग करके आप सामान्य कार्य जल्दी से संपादित कर सकते हैं।

टूलबार को दिखाने और छुपाने के लिए **View > Toolbar** में जाइए। टूलबार कमांड के आगे मेन्यू में जब टूलबार दिखता है तो एक चेक मार्क प्रदर्शित होता है।

पैन्स

विंडोज मूवी मेकर यूजर इंटरफेस की मुख्य फीचर पैन्स में दिखते हैं। यह इस बात पर निर्भर करता है कि आप किस व्यू में कार्य कर रहे हैं, कलेक्शंस व्यू या मूवी टास्क व्यू में मुख्य पैन इस प्रकार दिखता है—

कलेक्शन पैन का प्रयोग कैप्चर या इंपोर्टेड ऑडियो या वीडियो के भागों को दिखाने के लिए होता है। आप वीडियो/ऑडियो क्लिक करके कलेक्शन पैन या टाइमलाइन में मॉनीटर पर प्ले और प्रिव्यू कर सकते हैं।

मूवी टास्क पैन का प्रयोग मूवी की एडिटिंग और निर्माण के समय सामान्य कार्य-संपादन के लिए होता है।

स्टोरीबोर्ड और टाइमलाइन

वह क्षेत्र, जहाँ आप अपना प्रोजेक्ट एडिट और क्रिएट करते हैं, दो व्यूज में दिखता है—स्टोरीबोर्ड और टाइमलाइन में, जब आप मूवी बनाते हैं तो आप इन दोनों व्यूज को आपस में बदल सकते हैं।

स्टोरीबोर्ड

विजुअल मूवी मेकर में स्टोरीबोर्ड डिफाल्ट व्यू है। विंडोज मूवी मेकर में स्टोरीबोर्ड एरिया है, जो विंडो के सबसे नीचे स्थित होता है। यह पिक्चर का पैनल या मूवी क्लिपें होती हैं, जो उसी क्रम में लगाई जाती हैं जिस क्रम में मूवी में दिखाई जानी हैं। आप स्टोरीबोर्ड का प्रयोग क्लिपों के क्रम को देखने, उन्हें व्यवस्थित क्रम देने और पुनर्व्यवस्थित करने में कर सकते हैं। इसमें आप वीडियो इफेक्ट्स या वीडियो ट्रांजिशन भी देख सकते हैं, जो आपने

उसमें सम्मिलित किए हैं। आप अपने वर्तमान प्रोजेक्ट की सभी क्लिप्स का प्रिव्यू देख सकते हैं। यह प्रिव्यू मॉनीटर पर दिखाया जाएगा।

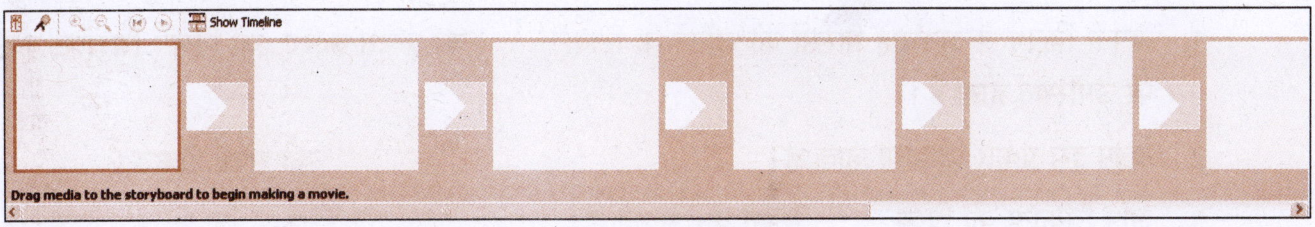

टाइमलाइन

आप टाइमलाइन का प्रयोग अपने प्रोजेक्ट की क्लिपों की टाइमिंग को पुनर्व्यवस्थित और पुनः देखने के लिए कर सकते हैं। टाइमलाइन बटन का प्रयोग निम्न कार्यों के संपादन के लिए किया जाता है—

- प्रोजेक्ट का व्यू बदलने के लिए
- आपके प्रोजेक्ट के विषय में जूम इन या जूम आउट करने के लिए
- रिकॉर्डिंग का वर्णन करने के लिए
- ऑडियो लेवल्स में सामंजस्य बनाने के लिए।

अपने विकल्प के अनचाहे भाग को काटने के लिए **ट्रिम हैंडल्स** का प्रयोग करिए। जब आप विकल्प सिलेक्ट करते हैं तो यह उपस्थित होता है। आप अपने वर्तमान प्रोजेक्ट के सभी विकल्पों का प्रिव्यू देख सकते हैं, जो टाइमलाइन में दिखता है। टाइम्स इस प्रकार दिखाया जाता है— घंटेः मिनटः सेकंडः सेकंड का सौवाँ भाग।

याद रखें

1. विंडोज मूवी मेकर यूजर इंटरफेस तीन मुख्य भागों में बँटा है—मेन्यू बार एवं टूलबार, पैन्स और स्टोरीबोर्ड एवं टाइमलाइन।
2. इंपोर्टेड ऑडियो/वीडियो और खंड के टाइमलाइन या स्टोरीबोर्ड पर प्रिव्यू के रूप में मॉनीटर का प्रयोग करते हैं।
3. अपने प्रोजेक्ट में विकल्प की टाइमिंग को पुनः देखने और पुनर्व्यवस्थित करने के लिए **टाइमलाइन** का प्रयोग करते हैं।
4. विंडोज मूवी मेकर में **स्टोरीबोर्ड** डिफाल्ट व्यू है।
5. प्रोजेक्ट की एडिटिंग और मूवी बनाने के लिए सामान्य कार्य-संपादन के लिए **मूवी टास्क** का प्रयोग करते हैं।
6. कैप्चर या इंपोर्ट ऑडियो और वीडियो का संग्रह देखने के लिए **कलेक्शंस** पैन का प्रयोग करते हैं।

अभ्यास

(अ) रिक्त स्थान भरें—

1. अपनी क्लिप से अनचाहे हिस्सों को छाँटने के लिए.........का प्रयोग करिए, जो क्लिप सिलेक्ट करने पर उपस्थित होता है।
2. टाइम इस प्रकार दिखाया जाता है........., ..., ..., ...का सोवाँ सैकंड।
3. आप विकल्प का प्रिव्यू.......में भी कर सकते हैं।
4. जब आप मूवी बनाते हैं तो आप व्यूज........ और.........के बीच बदल सकते हैं।
5. फाइनल मूवी में ऑडियो कंट्रोल के लिए आप अपनी मूवी में........लेवल समायोजित कर सकते हैं।

(ब) निम्न प्रश्नों के उत्तर दीजिए—

1. टाइमलाइन का प्रयोग करके आप कौन-कौन से कार्य कर सकते हैं?
2. मूवी मेकर में पैन्स क्या हैं? दोनों प्रकार के पैन्स के बारे में समझाइए।
3. स्टोरीबोर्ड और टाइमलाइन की व्यवस्था कीजिए।
4. विंडोज मूवी मेकर में मौजूद मेन्यू बार और टूलबार के बारे में समझाइए।
5. मूवी मेकर का प्रयोग करके कौन से कार्य संपादित किए जा सकते हैं? लिखिए।

बहुविकल्पीय प्रश्न

निम्न विकल्पों में से सही विकल्प पर (✔) निशान लगाएँ।

1. अपने प्रोजेक्ट में विकल्प को पहले देखने और पुनर्व्यवस्थित करने के लिए आप.........का प्रयोग कर सकते हैं।

अ. टाइमलाइन	ब. स्टोरीबोर्ड
स. मूवी टास्क पैन	द. कलेक्शन पैन

2. ....विंडोज मूवी मेकर में डिफाल्ट व्यू है।

अ. टाइमलाइन

ब. स्टोरीबोर्ड

स. मूवी टास्क पैन

द. कलेक्शंस पैन

3. जब आप प्रोजेक्ट एडिट करते हैं या मूवी बनाते हैं तो सामान्य कार्यों के संपादन के लिए .... का प्रयोग करते हैं।

अ. टाइमलाइन | ब. स्टोरीबोर्ड
स. मूवी टास्क पैन | द. कलेक्शंस पैन

4. .... का प्रयोग कलेक्शन में या इंपोर्टेड ऑडियो और वीडियो या टाइमलाइन/स्टोरीबोर्ड में प्रयुक्त ऑडियो/वीडियो या उसके किसी भाग के प्रिव्यू के लिए करते हैं।

अ. टाइमलाइन | ब. मॉनीटर
स. मूवी टास्क्स पैन | द. कलेक्शंस पैन

5. .... का प्रयोग विकल्प के अनुक्रम या व्यवस्था को आपके प्रोजेक्ट में देखने के लिए करते हैं और उन्हें पुनर्व्यवस्थित कर सकते हैं।

अ. टाइमलाइन | ब. मॉनीटर
स. स्टोरीबोर्ड | द. इनमें से कोई नहीं

6. .... व्यू का प्रयोग करके आप अपने प्रोजेक्ट के ऑडियो लेवल समायोजित कर सकते हैं।

अ. टाइमलाइन | ब. मॉनीटर
स. स्टोरीबोर्ड | द. इनमें से कोई नहीं

7. जब आप वीडियो फाइल 1.mpg इंपोर्ट करते हैं तो यह .... में दिखाएगा।

अ. टाइमलाइन | ब. कलेक्शन पैन
स. स्टोरीबोर्ड | द. मूवी टास्क पैन

9 वीडियो कैप्चर और इंपोर्ट करना

अब आप विंडोज मूवी मेकर की मूल बातें जानते हैं। अब हम एक कदम और आगे बढ़ाकर इस सॉफ्टवेयर की कार्यशैली को समझने का प्रयास करते हैं।

वीडियो कैप्चर करना

विंडोज मूवी मेकर का प्रयोग करके आप अपने कंप्यूटर में वीडियो और ऑडियो कैप्चर कर सकते हैं। कैप्चरिंग आरंभ करने के लिए आपके कंप्यूटर से एक वीडियो कैप्चरिंग डिवाइस जुड़ी होना आवश्यक है। कुछ ऑडियो और वीडियो कैप्चरिंग डिवाइसें और स्रोत, जिनका प्रयोग आप कर सकते हैं, उनमें सम्मिलित हैं डिजिटल वीडियो (DV) या एनालॉग कैमरा या वी.सी.आर. या वेब कैमरा, टी.वी. ट्यूनर कार्ड प्रोग्राम को रिकॉर्ड करने के लिए, या ऑडियो/म्यूजिक को रिकॉर्ड टेप द्वारा कैप्चर कर सकते हैं। **Movie Tasks** पैन पर क्लिक करिए और **Capture video** विकल्प को क्लिक करिए।

वीडियो कैप्चर विजर्ड, लाइव वीडियो या टेप से कैप्चर करने का विकल्प दिखाता है। आप **start** और **stop** चुनकर वीडियो के व्यक्तिगत हिस्से को मैनुअली कैप्चर कर सकते हैं। उदाहरण के लिए, हो सकता है कि आप वीडियो टेप के केवल एक विशेष हिस्से को कैप्चर करना चाहते हों। इस स्थिति में टेप के उस हिस्से को कैप्चर कर सकते हैं। कैप्चरिंग स्टॉप करिए। दूसरा हिस्सा जो आप कैप्चर करना चाहते हैं, ढूँढ़िए और दोबारा कैप्चरिंग आरंभ करिए।

यह अनावश्यक वीडियो की मात्रा को कम करता है, जो आप अपने कंप्यूटर पर कैप्चर करते हैं। साधारणत: प्रयुक्त फाइल फॉरमेट के संबंधित साइज को जानने के लिए कृपया एक्सट्रा इन्फो ब्लॉक को पढ़िए। आपने जितनी बार वीडियो कैप्चरिंग स्टार्ट या स्टॉप किया है, वहाँ से कैप्चरिंग वीडियो फाइल पेज के निर्धारित स्थान पर एक ही फाइल के रूप में सेव होती है।

अतिरिक्त जानकारी : सामान्य फॉरमेट और साइज

फाइल का नाम	कंटेंट के प्रकार	साइज
mpeg-1, mpeg, mpg	VCDs के लिए	10 MB/Min
mpeg-2	DVDs के लिए	30-50 MB/Min
wmv	विंडोज मूवी मेकर द्वारा बनी वीडियो फाइलें	क्वालिटी सिलेक्शन पर आधारित वेरिएबल
wma	विंडोज मूवी मेकर द्वारा बनी ऑडियो फाइलें	क्वालिटी सिलेक्शन पर आधारित वेरिएबल
mp3	mp3 डिस्कों के लिए केवल ऑडियो फाइलें	बहुत छोटी फाइलें 3-6 MB प्रति गीत
wav	ऑडियो के लिए माइक्रोसॉफ्ट की केवल ऑडियो CDs	बहुत बड़ी फाइलें 25-30 MB प्रति गीत

निम्नलिखित वीडियो कैप्चरिंग start और stop करने के लिए विकल्पों का प्रयोग करते हैं।

स्टार्ट कैप्चर

अपने कंप्यूटर पर बिगेन कैप्चरिंग ऑडियो और वीडियो पर क्लिक करिए।

स्टॉप कैप्चर

अपने कंप्यूटर पर एंड कैप्चरिंग ऑडियो और वीडियो पर क्लिक करिए।

पहले से मौजूद डिजिटल मीडिया फाइल इंपोर्ट करना

आप अपने प्रोजेक्ट में प्रयोग करने के लिए पहले से मौजूद डिजिटल मीडिया फाइल इंपोर्ट कर सकते हैं, जिसे विंडोज मूवी मेकर सपोर्ट करता हो। जो फाइलें आप इंपोर्ट करते हैं, वे आपके कंप्यूटर पर स्टोर की जा सकती हैं। आप विंडोज मूवी मेकर में इंपोर्ट कर सकते हैं।

सोर्स फाइल जिस स्थान से इंपोर्ट की जाती है, उसी स्थान पर सेव रहती है। विंडोज मूवी मेकर सोर्स फाइल की वास्तविक कॉपी नहीं बनाता, इसके स्थान पर वह एक क्लिप बनाता है, जो मूल सोर्स फाइल का प्रतिनिधित्व करती है और कलेक्शन पैन में दिखती है। **अपने प्रोजेक्ट में फाइल इंपोर्ट करने के बाद मूल सोर्स फाइल को move, rename या delete मत करिए।** अगर आप अनुरूप सोर्स फाइल को move या rename करने के बाद क्लिप को अपने प्रोजेक्ट में जोड़ते हैं, विंडोज मूवी में कर स्वतः मूल सोर्स फाइल ढूँढ़ने की कोशिश करता है। अगर सोर्स फाइल delete कर दी गई है तो यह आपके कंप्यूटर में ही रहनी चाहिए या आपके कंप्यूटर में जिस स्थान पर हो, वहाँ कंप्यूटर उसे पुनः ढूँढ़ सके।

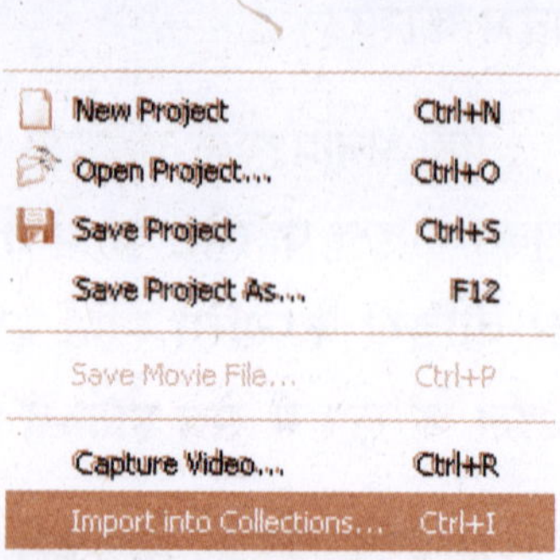

पहले से मौजूद डिजिटल मीडिया फाइल इंपोर्ट करने के क्रम—

1. **File** मेन्यू पर **Import into Collections** पर क्लिक करिए या **Ctrl+I** दबाइए।

या

इनमें से एक का अनुसरण करिए। यह इस बात पर निर्भर करता है कि आप किस प्रकार की मीडिया फाइल इंपोर्ट करना चाहते हैं।

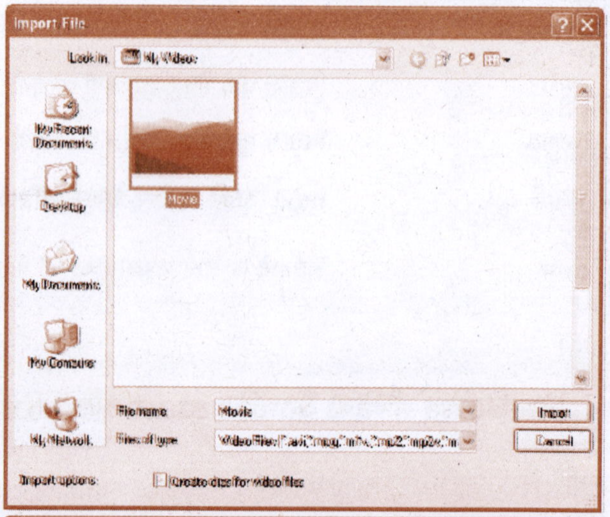

- **Capture Video** में **Movie Tasks** पैन में **Import video** क्लिक करिए और जिस फाइल को आप कंप्यूटर से इंपोर्ट करना चाहते हैं उसे ढूँढ़िए। अगर आप चाहते हैं कि वीडियो विभिन्न छोटे क्लिप्स में अलग करें तो **Create clips for videofiles** चेक करिए। अगर आप चाहते हैं कि इंपोर्टेड फाइल एक ही रहे तो विकल्प अनचेक करिए और फिर Import बटन पर क्लिक करिए।

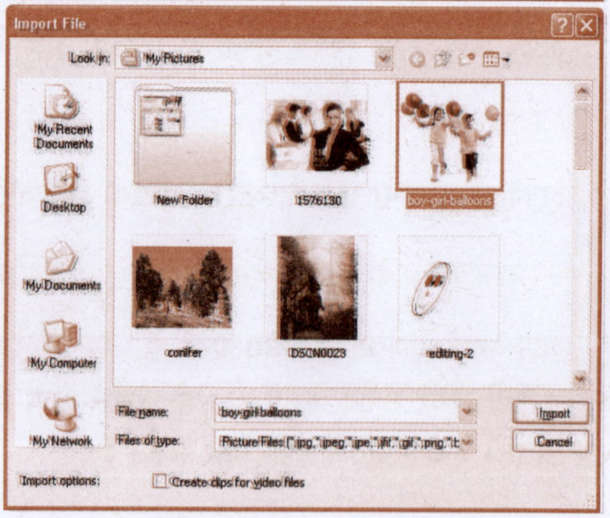

- **Capture Video** में मूवी टास्क पैन में **Import pictures** क्लिक करिए और पिक्चर ढूँढ़िए, जो आप कंप्यूटर से इंपोर्ट करना चाहते हैं।

- **Capture Video** में मूवी टास्क पैन में **Import audio or music** पर क्लिक करिए।

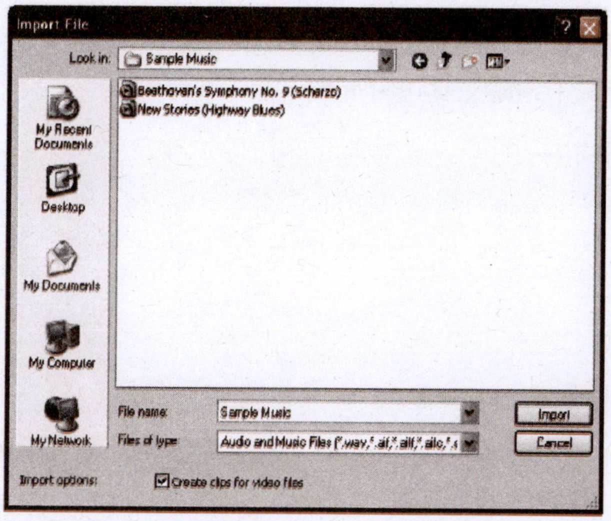

2. **File name** में जो फाइल आप इंपोर्ट करना चाहते हैं, उसका पाथ और फाइल नेम दीजिए और **Import** क्लिक करिए।

सभी वीडियो फाइलें, इमेज फाइलें, ऑडियो या म्यूजिक फाइलें कलेक्शंस पैन में एकत्र होंगी। आप अपने मॉनीटर में देख सकते हैं या उन्हें अपने प्रोजेक्ट में प्रयोग कर सकते हैं। एडिटिंग के बारे में हम अगले अध्याय में पढ़ेंगे।

याद रखें

1. आप कंटेंट लाइव या वीडियो टेप से कैप्चर कर सकते हैं। Movie Tasks पैन में **Capture Video** क्लिप क्लिक करिए।
2. अगर आप वीडियो फाइल को छोटे क्लिप में अलग करना चाहते हैं तो फाइल चेक बॉक्स में **Create clips for video** सिलेक्ट करिए।
3. मूवी टास्क पैन में **Import video** और म्यूजिक ऑडियो इंपोर्ट करने के लिए **Capture Video** में क्लिक करिए।
4. मूवी टास्क पैन में पिक्चर इंपोर्ट करने के लिए **Import pictures** क्लिक करिए।
5. वीडियो इंपोर्ट करने के लिए Movie Tasks पैन में **Capture Video** में **Import audio or music** क्लिक करिए।
6. अपने प्रोजेक्ट में फाइल इंपोर्ट करने के बाद मूल सोर्स फाइल मूव, रीनेम या डिलीट मत करिए।
7. सभी इंपोर्ट की हुई या कैप्चर की हुई फाइलें कलेक्शंस पैन में एकत्रित होती हैं।

अभ्यास

(अ) रिक्त स्थान भरें—

1. अपने कंप्यूटर में ऑडियो या वीडियो कैप्चर करने के लिए....... क्लिक करिए।
2. अपने कंप्यूटर में ऑडियो या वीडियो कैप्चरिंग बंद करने के लिए...... क्लिक करिए।

3. ······लाइव या टेप से कैप्चर का विकल्प दिखाता है।

4. ······Import into Collections का कीबोर्ड शॉर्टकट है।

(ब) निम्नलिखित प्रश्नों के उत्तर दीजिए—

1. कुछ ऑडियो/वीडियो कैप्चर डिवाइसों के नाम लिखिए।
2. निम्नलिखित को स्पष्ट कीजिए—

   अ. वीडियो कैप्चर विजर्ड

   ब. स्टार्ट कैप्चर

   स. स्टॉप कैप्चर
3. पहले से मौजूद डिजिटल मीडिया फाइलें इंपोर्ट करने के क्रम लिखिए।
4. ऑडियो और वीडियो सी.डी. के लिए सामान्यतः प्रयुक्त होनेवाले फाइल फॉरमेट पर एक टिप्पणी लिखिए।
5. आपका मित्र आपको अपने अवकाश की एक वीडियो सी.डी. देता है, जो 70 मिनट की है। वह सी.डी. mpeg-1 फॉरमेट की है। बताइए, वह वीडियो कितने MB स्थान घेरेगी? ध्यान रखें—1MB = 1,024 KB है।

बहुविकल्पीय प्रश्न

निम्न विकल्पों में से सही विकल्प पर (✔) निशान लगाएँ।

1. क्विक टाइम मूवी इंपोर्ट करने के लिए मूवी टास्क में कैप्चर वीडियो में······क्लिक करिए।

अ. Import video　　ब. Import pictures

स. Import audio or music　　द. इनमें से कोई नहीं

2. jpeg फाइल्स इंपोर्ट करने के लिए मूवी टास्क पैन में कैप्चर वीडियो में······पर क्लिक करते हैं।

अ. Import video　　ब. Import pictures

स. Import audio or music　　द. इनमें से कोई नहीं

3. mp3 फाइल इंपोर्ट करने के लिए मूवी टास्क पैन में कैप्चर वीडियो में······पर क्लिक करते हैं।

अ. Import video　　ब. Import pictures

स. Import audio or music　　द. इनमें से कोई नहीं

4. **Import into Collections के शॉर्टकट के लिए.......**

अ. Ctrl+M

ब. Ctrl+I

स. Ctrl+L

द. Ctrl+P

5. **MPEG-1, MPG फॉरमेट का प्रयोग.......के लिए होता है।**

अ. ऑडियो CDs

ब. वीडियो CDs

स. DVDs

द. ब्लू-रे डिस्क

6. **WAV फाइल फॉरमेट.......की स्टोरिंग के लिए होता है।**

अ. साउंड

ब. वॉइस

स. संगीत, गीत

द. उपर्युक्त सभी

7. **MP3 फाइल फॉरमेट......की स्टोरिंग के लिए होता है।**

अ. साउंड

ब. वॉइस

स. संगीत, गीत

द. उपर्युक्त सभी

10 प्रोजेक्ट्स और मूवीज की एडिटिंग

प्रोजेक्ट्स की एडिटिंग

किसी प्रोजेक्ट को आरंभ करने और मूवी बनाना शुरू करने के लिए आपको स्टोरीबोर्ड/टाइमलाइन में इंपोर्ट या कैप्चर्ड वीडियो, ऑडियो या पिक्चर को जोड़ने की आवश्यकता होती है। आप स्टोरीबोर्ड/टाइमलाइन का प्रयोग प्रोजेक्ट बनाने या एडिट करने में कर सकते हैं। यह क्लिप स्टोरीबोर्ड/टाइमलाइन पर आपके प्रोजेक्ट और फ्यूचर मूवी की कंटेंट हो जाएगी।

प्रोजेक्ट के निर्माण के लिए आप स्टोरीबोर्ड और टाइमलाइन का प्रयोग कर सकते हैं। स्टोरीबोर्ड और टाइमलाइन दोनों आपके कार्य की प्रगति दिखाते हैं, लेकिन दोनों में आपके कार्य का भिन्न व्यू दिखाई देता है।

- स्टोरीबोर्ड क्लिप की सीक्वेंस दिखाता है।
- टाइमलाइन क्लिप की टाइमिंग दिखाता है।

प्रोजेक्ट पर कार्य करते हुए आप स्टोरीबोर्ड और टाइमलाइन के बीच में अदल-बदल कर सकते हैं। इसके लिए आप **show storyboard** या **show timeline** के विकल्प पर क्लिक कर सकते हैं।

प्रोजेक्ट निर्माण के लिए स्टोरीबोर्ड/टाइमलाइन पर क्लिप जोड़ने के बाद आप निम्नलिखित काम कर सकते हैं—

- क्लिप को जिस अनुक्रम में चाहें, पुनर्व्यवस्थित कर सकते हैं।
- क्लिप के बीच में ट्रांजिशन बना सकते हैं।
- वीडियो क्लिप और पिक्चर में वीडियो इफेक्ट्स एड कर सकते हैं।
- अनचाहे हिस्सों को (छिपाने) हटाने के लिए क्लिप को ट्रिम कर सकते हैं, केवल टाइमलाइन व्यू पर।
- क्लिप को अलग और संयुक्त कर सकते हैं।
- वितरण एड करना जो क्लिप के साथ (ऑडियो-वीडियो का) समन्वय करता है। (केवल टाइमलाइन व्यू पर)।

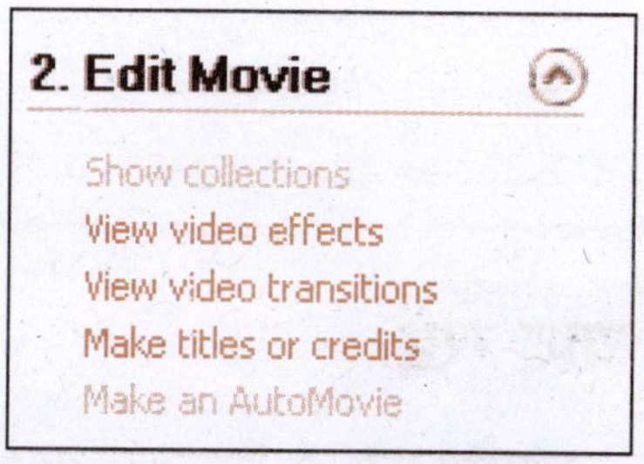

उपर्युक्त किसी भी कार्य के लिए **movie tasks** पैन विकल्प में **edit movie** पर क्लिक करिए।

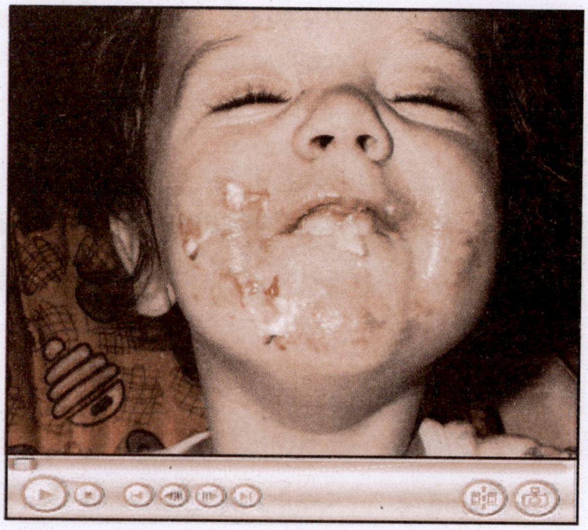

प्रोजेक्ट पर काम करते समय आप इसे **मॉनीटर** पर प्रिव्यू कर सकते हैं, यह अनुमान लगाने के लिए कि अंतिम परिणाम कैसा होगा। प्रिव्यू जैसा दिखाया गया है, मूवी मेकर के दाईं ओर स्थित प्लेयर पर दिखाया जाएगा।

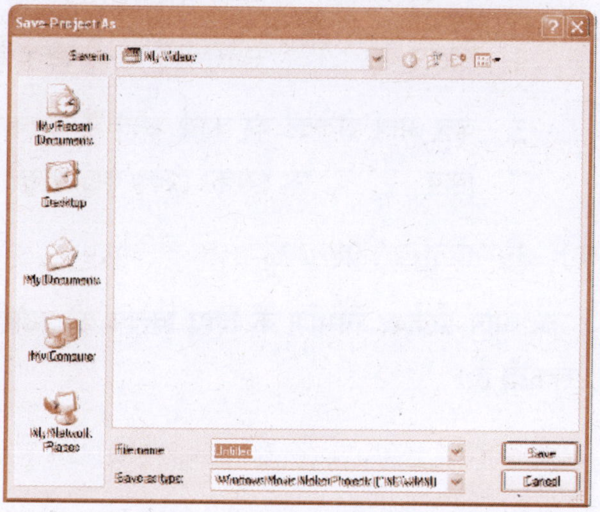

आप अपने प्रोजेक्ट में सुधार करते हुए उसे Save कर सकते हैं और वापस आकर दोबारा आगे उस पर काम कर सकते हैं। मूवी मेकर प्रोजेक्ट फाइल के लिए एक्सटेंशन .mswmm होता है।

अपने प्रोजेक्ट को एक अटैचमेंट के रूप में ई-मेल संदेश द्वारा वेब सर्वर पर या डी.वी. कैमरे पर रिकॉर्ड करने से पहले आपको इसे मूवी के रूप में सेव करना चाहिए। इनमें से किसी कार्य के संपादन के लिए **movie tasks** पैन में **finish movie** विकल्प पर क्लिक करिए।

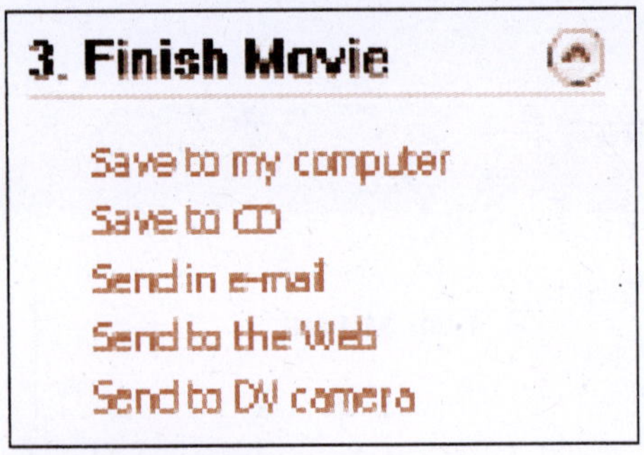

याद रखें

1. एडिटिंग कार्य के लिए **movie tasks** पैन में **edit movie** विकल्प पर क्लिक करिए।
2. जब आप प्रोजेक्ट पर कार्य करते हैं तो क्रमशः पूरे **show storyboard** या **show timeline** विकल्प पर क्लिक करके आप स्टोरीबोर्ड और टाइमलाइन के बीच अदला-बदली कर सकते हैं।
4. विंडोज मूवी मेकर में प्रोजेक्ट एक्सटेंशन .mswmm है।

अभ्यास

(अ) रिक्त स्थान भरें—

1. .... पर स्टोरीबोर्ड/टाइमलाइन आपकी फ्यूचर मूवी और प्रोजेक्ट के कंटेंट हो सकते हैं।
2. प्रोजेक्ट को बनाने और एडिट करने के लिए आप .... का प्रयोग कर सकते हैं।
3. क्लिप का .... टाइमलाइन पर दिखाता है।
4. क्लिप का .... स्टोरीबोर्ड पर दिखाता है।
5. जब आप प्रोजेक्ट पर कार्य करते हैं, आप किसी भी समय इसके अंतिम परिणाम का अनुमान लगाने के लिए .... पर इसका प्रिव्यू देख सकते हैं।

(ब) निम्नलिखित प्रश्नों के उत्तर दीजिए—

जब आप प्रोजेक्ट निर्माण के लिए क्लिप को स्टोरीबोर्ड/टाइमलाइन पर एड कर देते हैं तो क्या क्रियाएँ की जा सकती हैं।

बहुविकल्पीय प्रश्न

निम्न विकल्पों में से सही विकल्प पर (✔) निशान लगाएँ।

1. जब आप प्रोजेक्ट निर्माण के लिए क्लिप को स्टोरीबोर्ड/टाइमलाइन पर एक कर देते हैं तो निम्नलिखित में से क्या कर सकते हैं?

    अ. क्लिप को जिस अनुक्रम में आप चाहें, पुनर्व्यवस्थित कर सकते हैं।

    ब. वीडियो क्लिप और पिक्चर्स में वीडियो इफेक्ट्स जोड़ सकते हैं।

    स. क्लिप्स को अलग या संयुक्त कर सकते हैं।

    द. उपर्युक्त सभी

2. जब आप प्रोजेक्ट पर कार्य करते हैं तो स्टोरीबोर्ड और टाइमलाइन पर क्लिक करके आपस में बदल सकते हैं—

    अ. Show storyboard   ब. Show timeline

    स. अ और ब दोनों   द. इनमें से कोई नहीं

3. स्टोरीबोर्ड दिखाता है—

    अ. क्लिप्स की टाइमिंग   ब. क्लिप्स का अनुक्रम

    स. अ और ब दोनों   द. इनमें से कोई नहीं

4. टाइमलाइन दिखाता है—

    अ. क्लिप्स की टाइमिंग   ब. क्लिप्स का अनुक्रम

    स. अ और ब दोनों   द. इनमें से कोई नहीं

5. विंडोज मूवी मेकर प्रोजेक्ट में सेव करता है।

    अ. .Mswmp   ब. .Mswmm

    स. .Mpg   द. Mpeg-1

11 वीडियो ट्रांजिशंस, इफेक्ट्स और टाइटिल्स

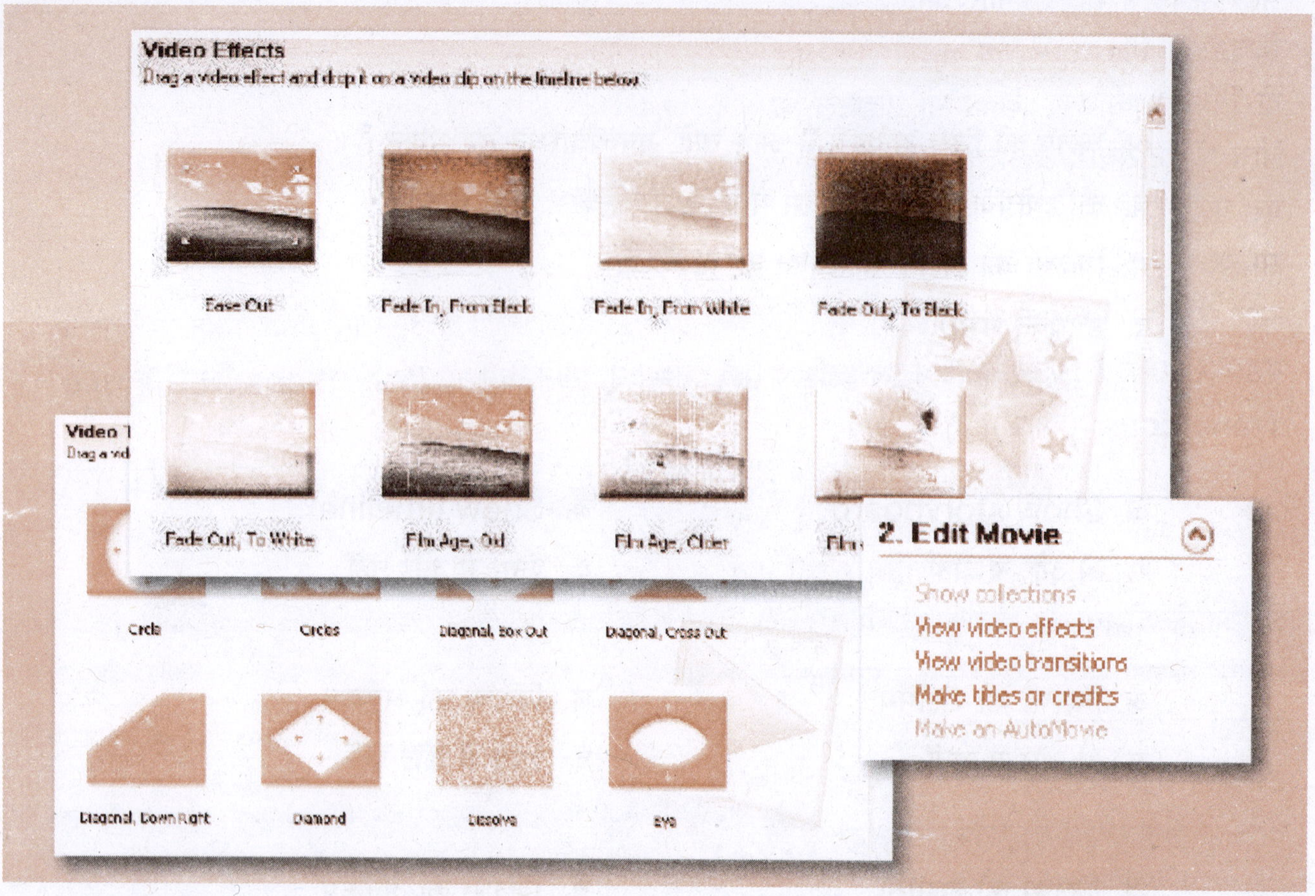

मूवी मेकर में मूल मूवी बनाने के बाद आप उसमें कुछ वैल्यू जोड़ना चाहेंगे, जैसे इफेक्ट्स आदि। इस अध्याय में आप सीखेंगे कि एक साधारण मूवी में वैल्यू एडिशन किस प्रकार करते हैं।

वीडियो ट्रांजिशंस, वीडियो इफेक्ट्स और टाइटिल्स का प्रयोग करना

आप अपनी मूवी में विभिन्न एलिमेंट जोड़ सकते हैं। ये एलिमेंट निम्नलिखित हैं—

- **वीडियो ट्रांजिशंस**
- **वीडियो इफेक्ट्स**
- **टाइटिल्स ऐंड क्रेडिट्स**

इनमें से किसी कार्य के लिए **Movie Tasks** पैन में **Edit Movie** में क्लिक करिए।

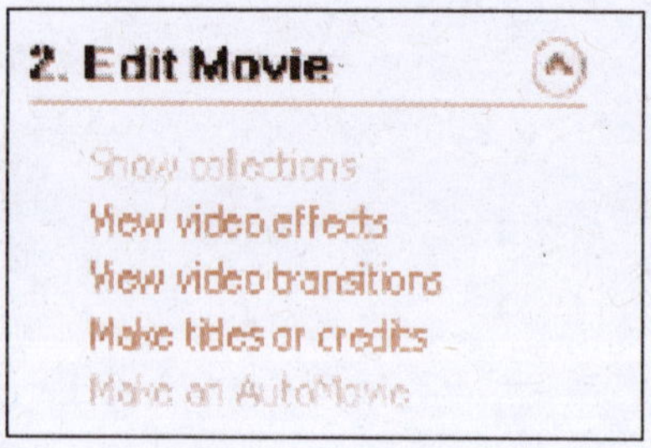

वीडियो ट्रांजिशंस

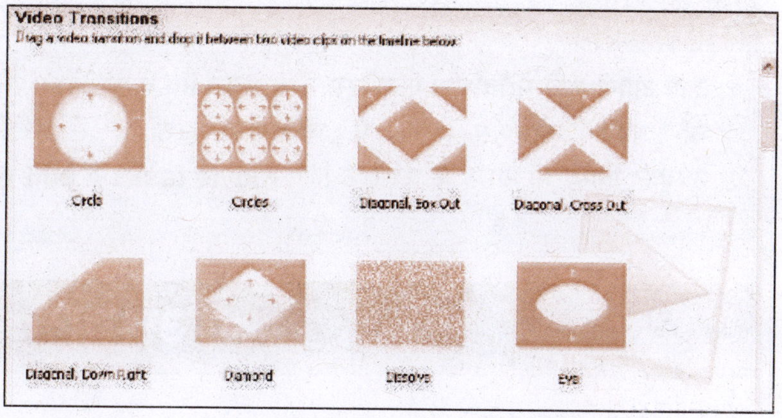

वीडियो ट्रांजिशंस इस बात पर नियंत्रण करती है कि आपकी मूवी एक वीडियो क्लिप या पिक्चर से किस प्रकार अगली वीडियो क्लिप या पिक्चर में प्ले करती है। आप दो पिक्चर, वीडियो क्लिप या टाइटिल के बीच में स्टोरीबोर्ड/टाइमलाइन पर ट्रांजिशंस एड कर सकते हैं। ट्रांजिशंस एक क्लिप के समाप्त होने से पहले और दूसरी क्लिप के स्टार्ट होने पर प्ले होता है। वीडियो मूवी मेकर में विभिन्न ट्रांजिशंस होते हैं, जिन्हें आप अपने प्रोजेक्ट में एड कर सकते हैं। मूवी मेकर में इन इनबिल्ट ट्रांजिशंस को देखने के लिए **Collections** पैन में **Video Transitions** में जाएँ।

वीडियो इफेक्ट्स

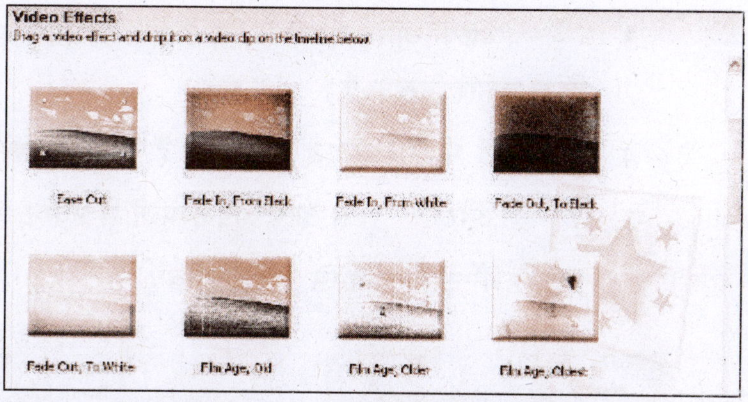

वीडियो इफेक्ट्स यह निर्धारित करता है कि आपके प्रोजेक्ट या फाइल मूवी में वीडियो क्लिप, पिक्चर या टाइटल किस प्रकार दिखता है। वीडियो इफेक्ट्स आप अपनी मूवी में विशेष इफेक्ट्स जोड़ सकते हैं। आपकी मूवी में जो वीडियो क्लिप, पिक्चर या टाइटल दिखता है, वह वीडियो इफेक्ट्स उस पर पूरी अवधि के लिए उपलब्ध होता है। आप अपनी मूवी में **Collections** पैन के **Video Effects** फोल्डर में मौजूद किसी भी वीडियो इफेक्ट्स को एड कर सकते हैं।

टाइटिल्स ऐंड क्रेडिट्स

टाइटिल्स ऐंड क्रेडिट्स से आप अपनी मूवी में टेक्स्ट आदि जोड़ सकते हैं।

आप अपनी मूवी में नाम, तारीख व अन्य सूचनाओं सहित अपना मनचाहा टेक्स्ट जोड़ सकते हैं। इस टेक्स्ट का लुक बदल सकते हैं। इसके एनिमेशन में हेर-फेर करके एपीयरेंस बदल सकते हैं।

याद रखें

1. आप अपनी मूवी में विभिन्न एलिमेंट्स जोड़ सकते हैं। ये एलिमेंट्स निम्नलिखित हैं—
   अ. वीडियो ट्रांजिशंस ब. वीडियो इफेक्ट्स स. टाइटिल्स ऐंड क्रेडिट्स
2. उपर्युक्त किसी भी टास्क के करने के लिए **movie tasks** में **edit movie** विकल्प पर क्लिक करें।

अभ्यास

(अ) रिक्त स्थान भरें—

1. ………नियंत्रण करती है कि किस प्रकार आपकी मूवी एक वीडियो क्लिप या पिक्चर से अगले वीडियो क्लिप या पिक्चर में प्ले करती है।
2. ………वीडियो ट्रांजिशंस फोल्डर में कलेक्शंस पैनल में स्टोर होता है।
3. ………यह निर्धारित करता है कि आपके प्रोजेक्ट या फाइल मूवी में वीडियो क्लिप, पिक्चर या टाइटल किस प्रकार दिखता है।
4. आप कोई भी………एड कर सकते हैं, जो कलेक्शंस पैन के इफेक्ट्स में उपस्थित होता है।
5. ………और………से आप अपनी मूवी में टेक्स्ट आदि जोड़ सकते हैं।

(ब) निम्न वीडियो ट्रांजिशंस के नाम लिखिए—

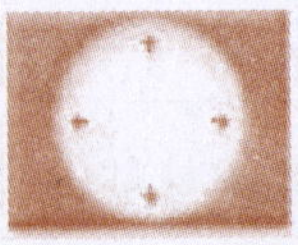
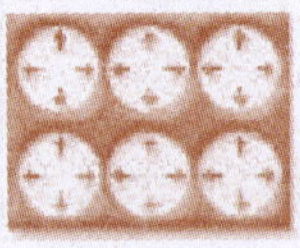
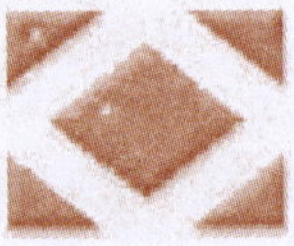

(स) निम्न वीडियो इफेक्ट्स के नाम लिखिए—

(द) निम्नलिखित को स्पष्ट करिए—

- वीडियो ट्रांजिशंस
- वीडियो इफेक्ट्स
- टाइटिल्स ऐंड क्रेडिट्स

बहुविकल्पीय प्रश्न

निम्न विकल्पों में से सही विकल्प पर (✔) निशान लगाएँ।

1. आप निम्नलिखित को टाइटल या क्रेडिट्स विकल्प में बदल सकते हैं—

   अ. टाइटल एपीयरेंस ब. टाइटल एनिमेशन

   स. टाइटल टेक्स्ट द. उपर्युक्त सभी

2. वीडियो इफेक्ट निम्न में से किस पर पूरी अवधि के लिए उपलब्ध होता है?

   अ. वीडियो क्लिप ब. पिक्चर

   स. टाइटल द. उपर्युक्त में से कोई भी

3. आप स्टोरीबोर्ड/टाइमलाइन पर किसी भी कॉम्बिनेशन में दो······के बीच में ट्रांजिशन एड कर सकते हैं।

   अ. पिक्चर्स ब. वीडियो क्लिप्स

   स. टाइटल्स द. उपर्युक्त में से कोई भी

4. एक क्लिप के समाप्त होने के बाद और जब दूसरी क्लिप प्ले स्टार्ट करती है तो······प्ले करता है।

   अ. वीडियो इफेक्ट्स ब. टाइटल

   स. क्रेडिट्स द. ट्रांजिशंस

5. ······मूवी के प्रारंभ में प्ले करता है और······मूवी की समाप्ति पर प्ले करता है।

   अ. टाइटल, क्रेडिट्स ब. क्रेडिट्स, टाइटिल्स

   स. वीडियो ट्रांजिशन द. Wav, mp3

6. EEase in, Ease Out, Film Age Old, Fade Out to white······के सामान्य उदाहरण हैं।

   अ. ट्रांजिशंस ब. वीडियो इफेक्ट्स

   स. क्रेडिट्स द. टाइटिल्स

7. Circle, dissolve, diagonal (down right), diagonal (box out)······ के सामान्य उदाहरण हैं।

   अ. ट्रांजिशंस ब. वीडियो इफेक्ट्स

   स. क्रेडिट्स द. टाइटिल्स

12 मूवी डिस्ट्रीब्यूट और सेव करना

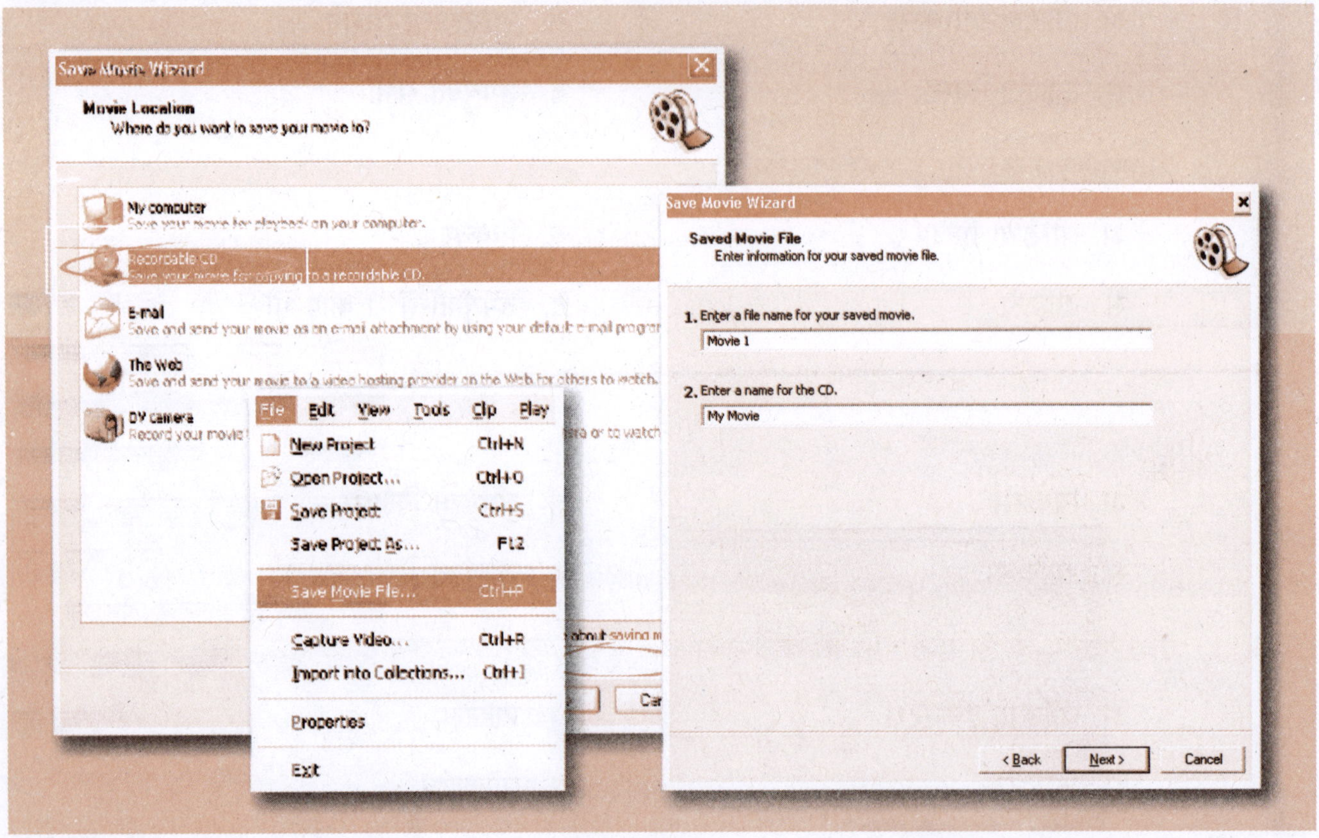

पिछले अध्याय में आपने मूवी बनाने और उसमें वीडियो इफेक्ट्स एड करना सीखा। जब आप संतुष्ट हो जाते हैं कि आपने जो मूवी बनाई है, वह आपकी पसंद और योजना के अनुसार है तो उसे स्वयं देखने और अपने दोस्तों को दिखाने के लिए निश्चित रूप से सेव करना चाहेंगे।

इस अध्याय में आप मूवी को सेव करना और दूसरों को डिस्ट्रीब्यूट करना सीखेंगे।

मूवी सेव करना और भेजना

अपनी मूवी सेव करने के लिए File > Save Movie File सिलेक्ट करिए। Save Movie Wizard विंडो खुलती है। आप इसे Ctrl + P दबाकर भी खोल सकते हैं।

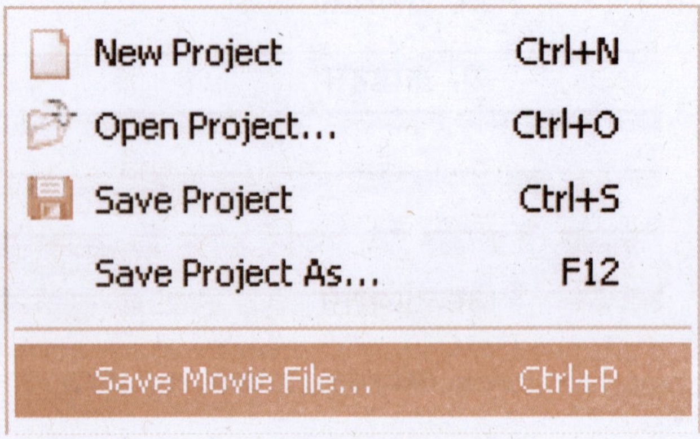

यह सेव मूवी विजर्ड आपको यह सिलेक्ट करने देती है कि आप किस मूवी सेव विकल्प पर प्रयोग करना चाहते

हैं। यह इस बात पर निर्भर करता है कि आप अपनी मूवी का प्रयोग किस प्रकार करना चाहते हैं। यह विजर्ड आपके प्रोजेक्ट को फाइनल मूवी की तरह जल्दी से सेव करने देता है। आप मूवी को अपने कंप्यूटर पर सेव या स्टोर या सी.डी. पर रिकॉर्ड कर सकते हैं या आप उसे एक अटैचमेंट के रूप में इ-मेल से भेज सकते हैं। या वेब पर वीडियो हॉस्टिंग प्रोवाइडर को भेज सकते हैं। इन विकल्पों के अतिरिक्त आप अपनी मूवी को डी.वी. कैमरे के टेप पर रिकॉर्ड कर सकते हैं।

अब हम सेव Save Movie Wizard में उपलब्ध प्रत्येक विकल्प पर विस्तार से चर्चा करेंगे।

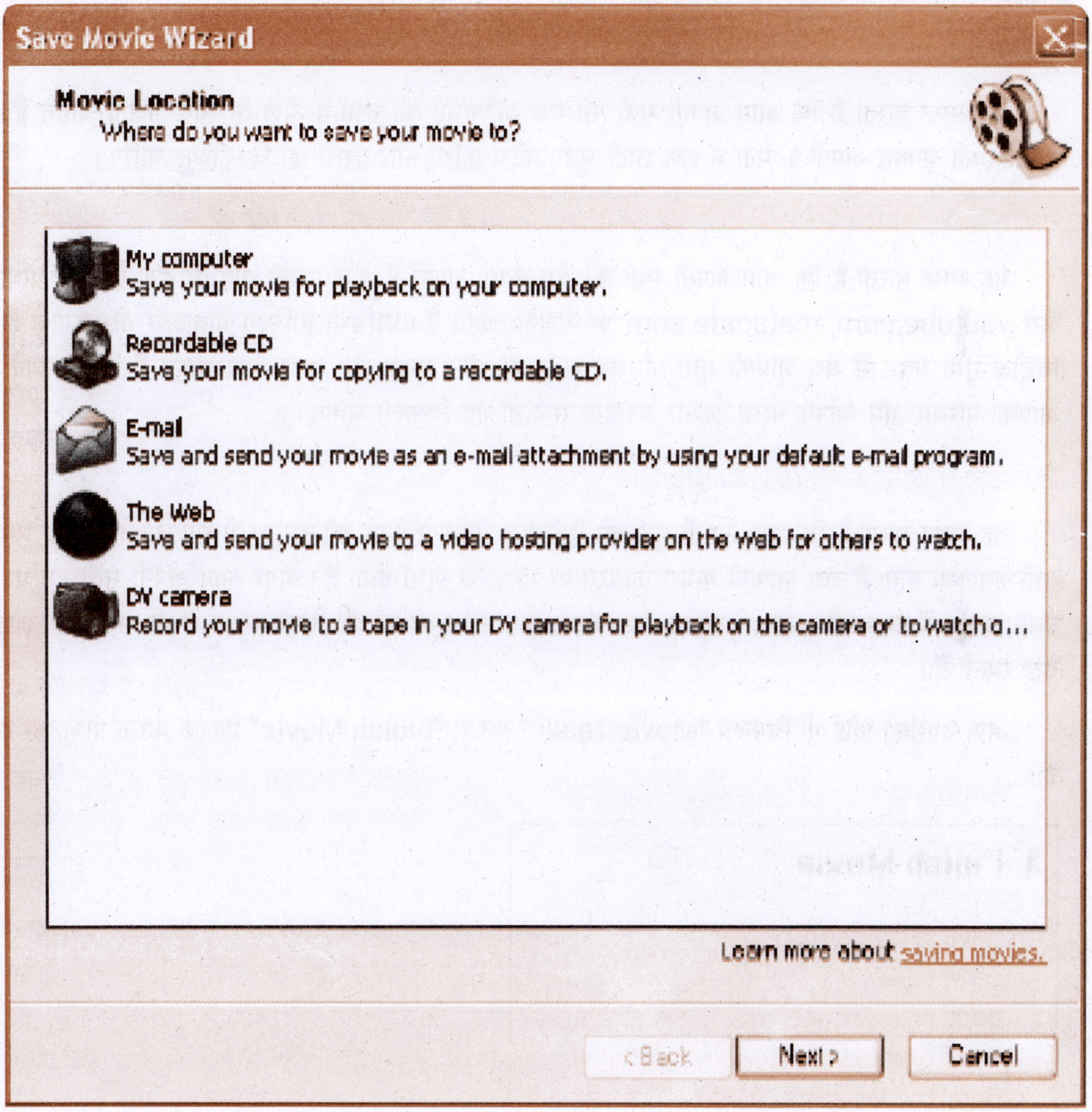

माई कंप्यूटर (My Computer)

यह स्पष्ट करता है कि आप अपनी मूवी को लोकल कंप्यूटर या शेयर्ड नेटवर्क पर सेव (CD-R या CD-RW) करना चाहते हैं।

रिकॉर्डेबल सी.डी.

यह स्पष्ट करता है कि आप अपनी मूवी को रिकॉर्डेबल सी.डी. या रीराइटेबल सी.डी. पर सेव करना चाहते हैं। यदि आप अपनी मूवी को रिकॉर्डेबल सी.डी. या रीराइटेबल सी.डी. पर सेव करना चाहते हैं और आपके कंप्यूटर में रिकॉर्डेबल सी.डी. या रीराइटेबल सी.डी. ड्राइव उपलब्ध है तो यह विकल्प चुनते हैं।

इ-मेल

यह स्पष्ट करता है कि आप अपनी मूवी को एक अटैचमेंट की तरह इ-मेल के साथ भेजना चाहते हैं। इस विकल्प को चुनकर अपनी इ-मेल में एक छोटी मूवी अटैच करिए और दूसरों को डिस्ट्रीब्यूट करिए।

वेब

यह स्पष्ट करता है कि आप अपनी मूवी को सेव करना चाहते हैं और उसके बाद वीडियो हॉस्टिंग प्रोवाइडर जैसे youtube.com, metacafe.com पर भेजना चाहते हैं। वीडियो हॉस्टिंग प्रोवाइडर तीसरा पक्ष है, जो विंडोज मूवी मेकर में सेव आपकी मूवी को वेब सर्वर पर हॉस्ट करता है। अगर आप चाहते हैं कि आपकी मूवी आपका परिवार और आपके दोस्त इंटरनेट पर देख सकें तो यह विकल्प चुनिए।

डिजिटल वीडियो कैमरा (DV Camera)

यह स्पष्ट करता है कि आप अपनी मूवी को डिजिटल वीडियो कैमरे की टेप पर भेजना चाहते हैं। यह विकल्प तभी उपलब्ध होता है जब आपका कैमरा फायरवायर पॉइंट से जुड़ा होता है। अगर आप अपनी मूवी टेप पर सेव करना चाहते हैं तो इस विकल्प को चुनिए। इस प्रकार आप उसे दूसरे डी.वी. कैमरे पर या टी.वी. पर कैमरा जोड़कर देख सकते हैं।

आप उपर्युक्त कोई भी विकल्प "Movie Tasks" पैन से "Finish Movie" क्लिक करके प्राप्त कर सकते हैं।

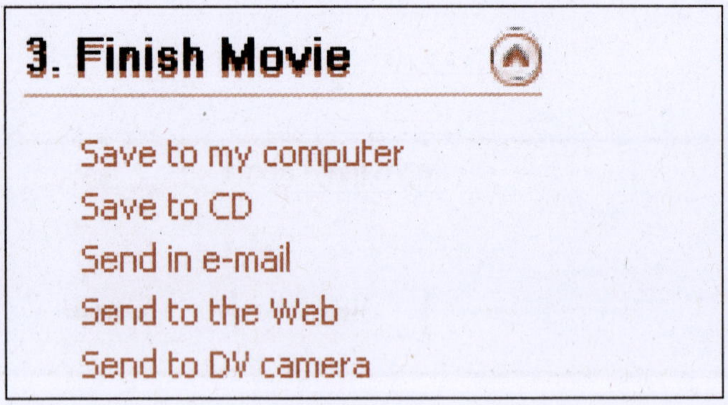

अब हम मूवी को सी.डी. रोम पर सेव करने के लिए प्रक्रिया सीखेंगे।

1. File > Save Movie File मेन्यू पर क्लिक करिए।

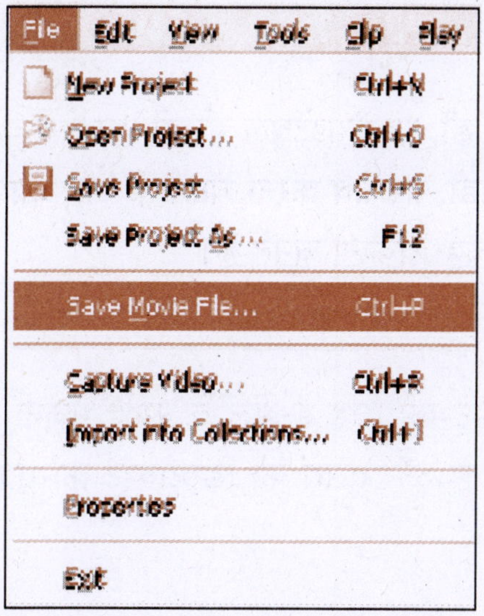

2. Save Movie Wizard विंडो खुलती है। Recordable CD विकल्प चुनिए और Next पर क्लिक करिए।

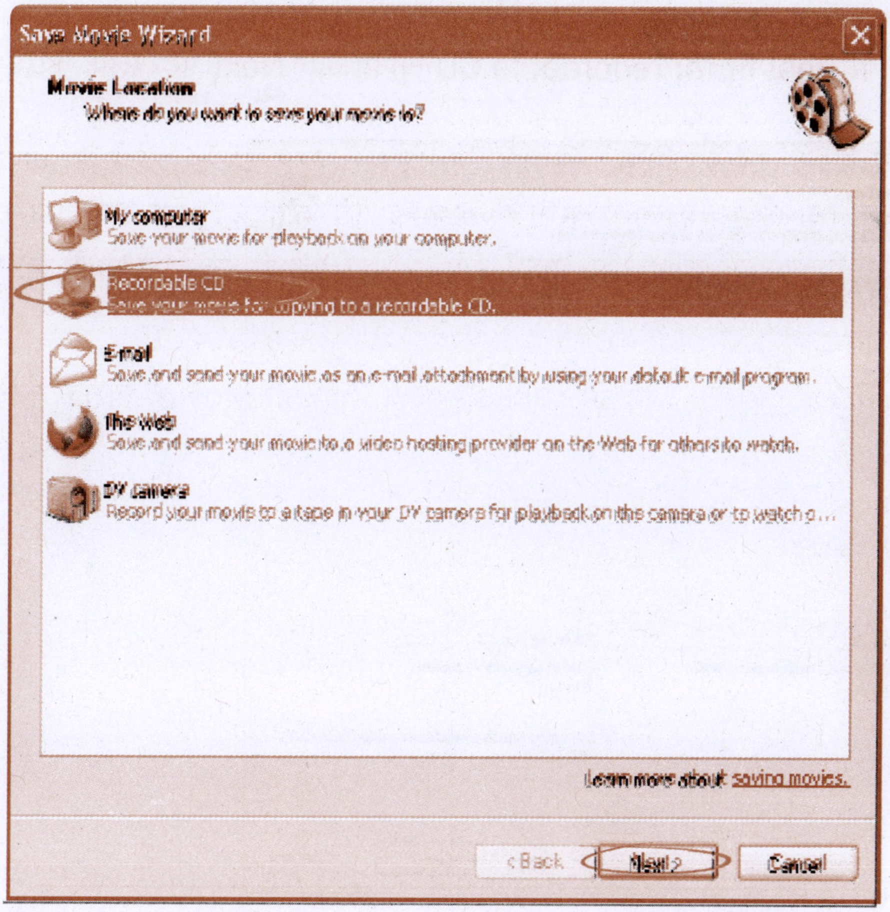

3. "Enter a file name for your saved movie" बॉक्स में मूवी का नाम टाइप करिए।

4. CD के लिए "Enter a name for the CD" में नाम टाइप करिए और Next पर क्लिक करिए।

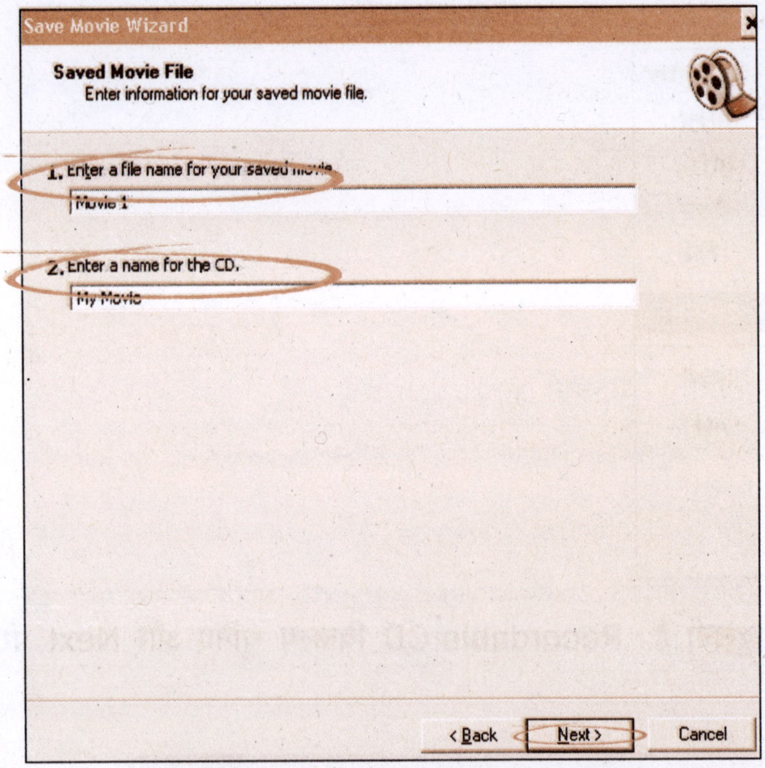

5. Movie Setting पर Best fit for recordable CD चुनिए और Next पर क्लिक करिए।

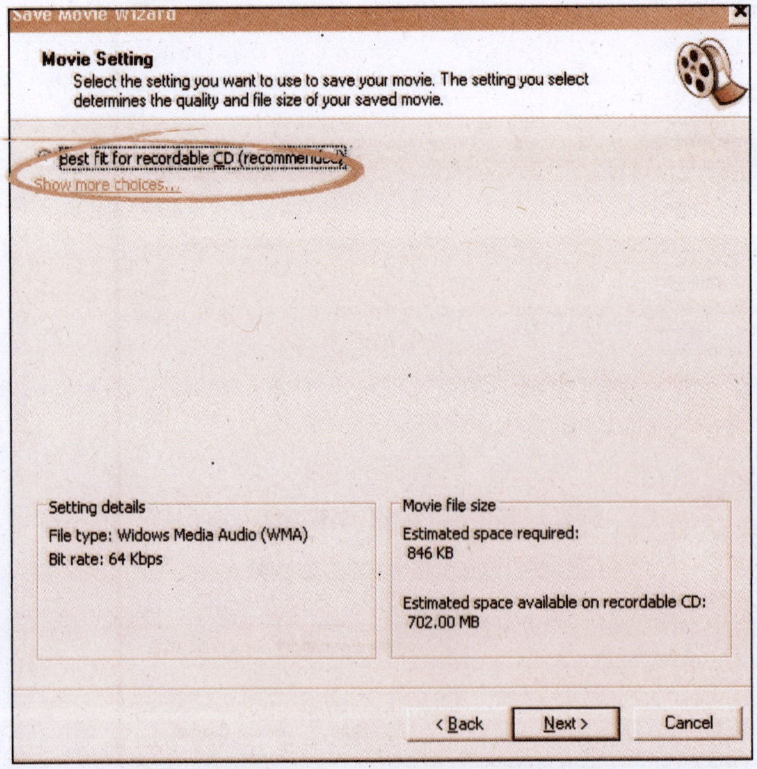

6. Save Movie Wizard में अगला क्रम मूवी सेव करने के लिए शेष समय दिखाता है। एक बार पूर्ण होने पर Finish क्लिक करिए। सी.डी. सीडी ड्राइव से स्वतः बाहर आ जाएगी। यदि आप अधिक कॉपी बनाना चाहते हैं तो दूसरी रिकॉर्डेबल सी.डी. लगाकर निर्देशों का यही क्रम दोहराइए।

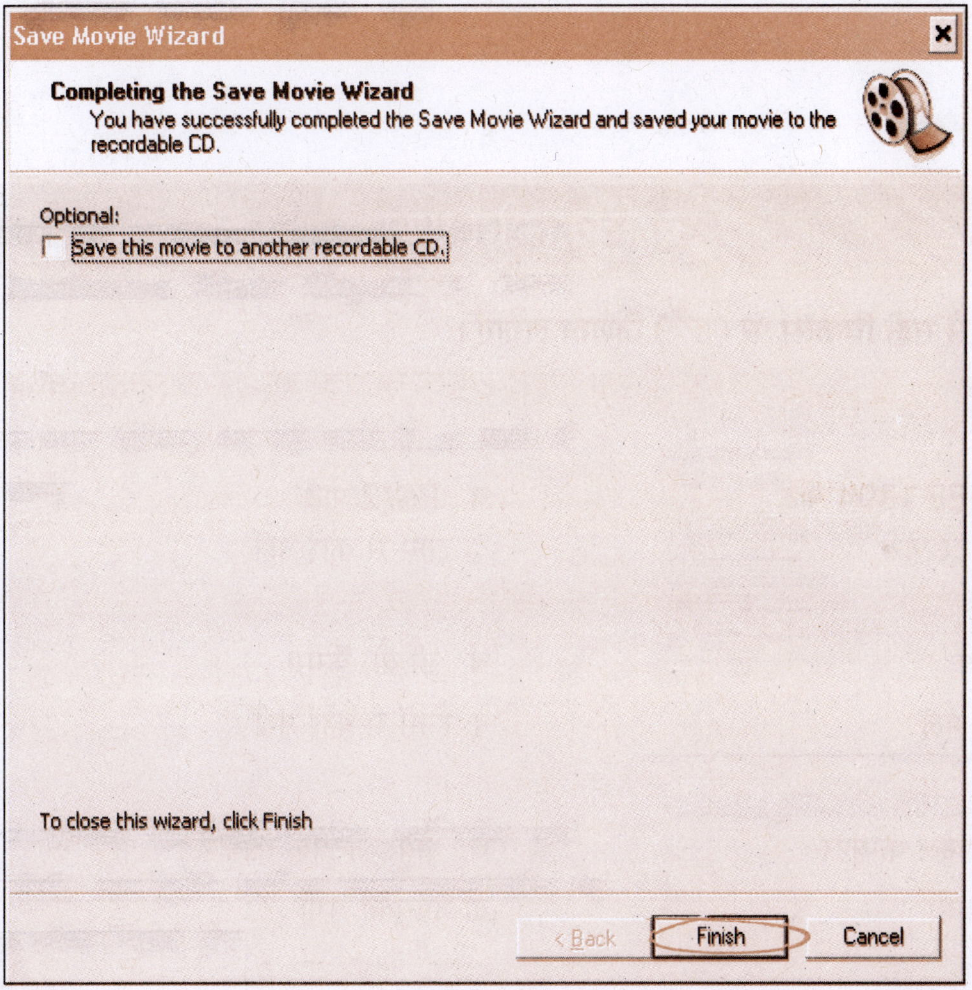

याद रखें

1. आप अपनी मूवी को इ-मेल, वेब या डी.वी. कैमरा, कंप्यूटर या सी.डी. पर भेज सकते हैं।
2. Save Movie Wizard खोलने के लिए File menu > Save Movie File विकल्प पर क्लिक करिए।

अभ्यास

(अ) रिक्त स्थान भरें—

1. विंडोज मूवी मेकर में मूवी फाइल सेव करने के लिए········शॉर्टकट है।
2. ········आपको चुनने देता है कि आप किस सेव मूवी विकल्प का प्रयोग करना चाहते हैं।
3. फिनिश मूवी विकल्प·······में उपस्थित रहता है।

(ब) Save Movie Wizard के निम्नलिखित विकल्पों को स्पष्ट करिए—

1. माई कंप्यूटर
2. रिकॉर्डेबल सी.डी.
3. इ-मेल
4. वेब
5. डी.वी. कैमरा

बहुविकल्पीय प्रश्न

निम्न विकल्पों में से सही विकल्प पर (✔) निशान लगाएँ।

1. Save Movie Wizard में डी.वी. कैमरा एक्टिव करने के लिए उसे······से जोड़ने की आवश्यकता होती है।

अ. IEEE 1394 पोर्ट	ब. PS/2 पोर्ट
स. प्रिंटर पोर्ट	द. इनमें से कोई नहीं

2. मूवी को अटैचमेंट के रूप में निम्न में से किसके लिए सेव करते हैं?

अ. वेब	ब. डी.वी. कैमरा
स. इ-मेल	द. इनमें से कोई नहीं

3. आप अपनी मूवी अपने······में सेव कर सकते हैं

अ. लोकल कंप्यूटर	ब. शेयर्ड नेटवर्क लोकेशन
स. सी.डी.	द. उपर्युक्त सभी

4. विंडोज मूवी मेकर में मूवी फाइल सेव करने के लिए······शॉर्टकट है।

अ. Ctrl+S	ब. Ctrl+K
स. Ctrl+P	द. इनमें से कोई नहीं

13 फाइल फॉरमेट कन्वर्जन

वीडियो फॉरमेट	किसके लिए प्रयोग	ऑडियो फारमेट्स	किसके लिए प्रयोग
mpg, mpeg-1, mpeg, dat	VCDs	wav	Audio CDs
mpeg-2, VOB	DVDs	mp3	MP3 discs
quick time mov	ipods		
3gp	mobile phones		
mpeg-4	iPod, iPhone, PSP, smart-phones, web streaming		
FLV (Flash video), Real Video	web streaming		

फॉरमेट्स और फॉरमेट कन्वर्जन

क्योंकि आजकल विभिन्न फॉरमेट की मूवीज उपलब्ध हैं, इसलिए हम ऑडियो/वीडियो कन्वर्टर के खुले स्रोत का प्रयोग करेंगे। ये कन्वर्टर हम मुफ्त में और बिना लाइसेंस के डाउनलोड कर सकते हैं। इन कन्वर्टरों का प्रयोग हम विभिन्न फॉरमेट की वीडियो क्लिप्स को एक स्टैंडर्ड फॉरमेट **mpg** में बदलने के लिए करते हैं और मूवी मेकर में बनी मूवी से जुड़ी ऑडियो का स्टैंडर्ड **mp3** फॉरमेट में बदल सकते हैं।

विंडोज मूवी मेकर फॉरमेट को इंपोर्ट कर सकता है''	
वीडियो	**ऑडियो**
.asf, .avi, .m1v, .mp2, .mp2v, .mpe, .mpeg, **.mpg**, .mpv2, .wm और .wmv	.aif, .aifc, .aiff .asf, .au, .mp2, **.mp3**, .mpa, .snd, .wav और .wma

नोट

क्या आपने ध्यान दिया कि ऑडियो और वीडियो कंटेंट का सबसे साधारण और सुविधाजनक फॉरमेट जो मूवी मेकर हैंडल कर सकता है? यह वीडियो के लिए mpg और ऑडियो के लिए mp3 है। आप फॉरमेट कन्वर्टर का प्रयोग मूवी मेकर में आसानी से एडिट करने के लिए वीडियो ऑडियो को अपने मोबाइल फोन, वेबकैमरा, इंटरनेट, वीसीडी और DVD को mpg/mp3 ये बदलने के लिए कर सकते हैं।

इंटरनेट पर बहुत से कन्वर्टर्स उपलब्ध हैं, लेकिन हम उन्हीं के बारे में विचार करेंगे, जो मुफ्त हैं और प्रयोग में आसान हैं। ऐसे दो प्रोग्राम हैं—

1. सुपर
2. एनी वीडियो कन्वर्टर

कोई भी वेबकैम, मोबाइल फोन, डिजिटल कैमरा, CDs, DVDs और वीडियो का प्रयोग स्रोत फॉरमेट के रूप में कर सकते हैं। हम विंडोज मूवी मेकर में एडिट करने के लिए, सुपर/कोई भी वीडियो कन्वर्टर का प्रयोग mpg फॉरमेट में बदलने के लिए कर सकते हैं।

तो, मूवी क्लिप को किसी भी स्रोत से, किसी भी फॉरमेट में लेकर मूवी मेकर में इंपोर्ट करने से पहले उसे mpg फॉरमेट में बदलने के लिए निम्नलिखित क्रमों का अनुसरण करिए—

सुपर वीडियो कन्वर्टर

आप **सुपर** को डाउनलोड करके अपने कंप्यूटर पर इंस्टॉल कर सकते हैं। सॉफ्टवेयर का लेटेस्ट वर्जन **www.mtgcss.com** पर उपलब्ध है।

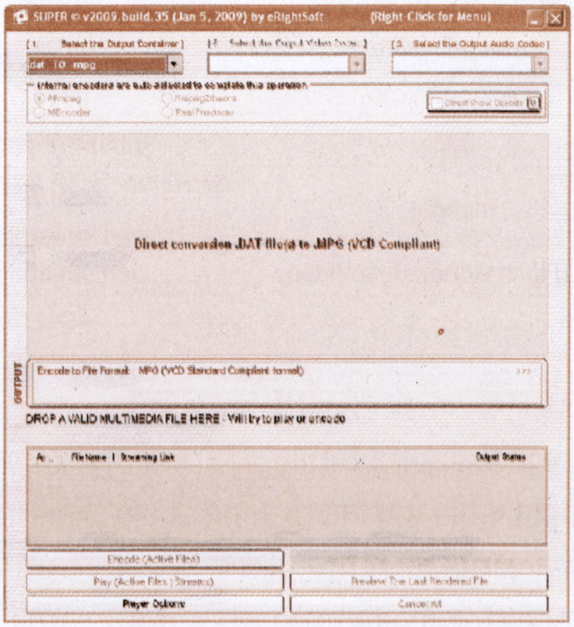

1. सुपर को अपने कंप्यूटर में इंस्टॉल करने के बाद सुपर आइकन SUPER© पर क्लिक करिए।

2. जैसा दिखाया गया है, सुपर का स्टार्टिंग स्क्रीन दिखाई देता है—

3. अब सुपर स्क्रीन पर राइट किलक करिए और **"Output File Saving Management"** विकल्प पर क्लिक करिए।

4. जैसा दिखाया गया है, विकल्प (ऑप्शन) चेक करिए और **"SAVE Changes"** बटन पर क्लिक करिए।

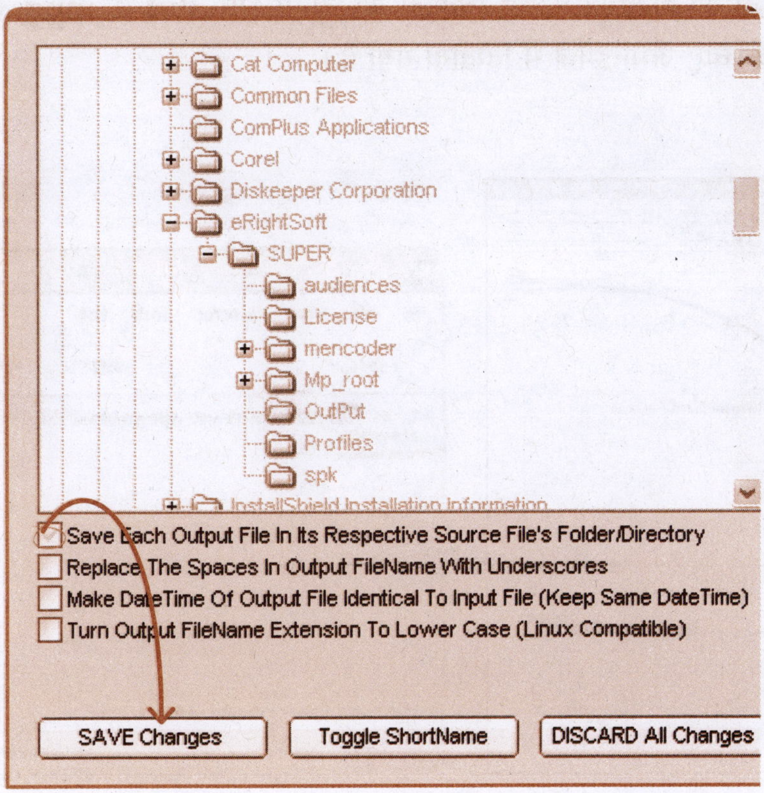

5. अब उस वीडियो सी.डी. की लोकेशन खोलिए (.dat या कोई भी फॉरमेट), जिससे आप सुपर का प्रयोग करके बदलना चाहते हैं।

6. मेन्यू को नीचे लाकर सुपर विंडो के आउटपुट कंटेनर विकल्प को चुनिए और **.dat** से **.mpg** चुनिए और मूवी को सी.डी. से सुपर में खींचिए, जैसा इमेज में दिखाया गया है।

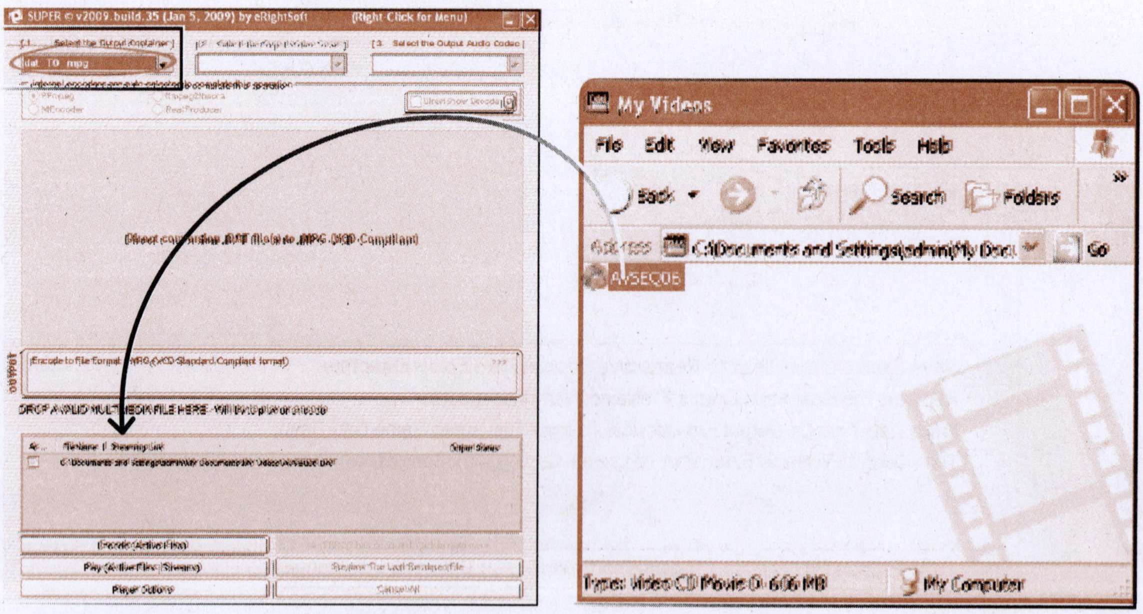

7. अब मूवी क्लिप .dat से .mpg फॉरमेट बदल जाता है और उसी लोकेशन में स्टोर होता है, जिसमें ओरिजिनल मूवी स्टोर है। कृपया ध्यान दीजिए कि आप ओरिजिनल मूवी .dat अपने मूवी प्रोजेक्ट के लिए इंपोर्ट नहीं कर सकते हैं, लेकिन नई कन्वर्टेड mpg फॉरमेट वाली मूवी को मूवी मेकर में इंपोर्ट कर सकते हैं।

एनी वीडियो कन्वर्टर

आप **Any Video Converter** डाउनलोड करके अपने कंप्यूटर में इंस्टॉल कर सकते हैं। इस सॉफ्टवेयर के लेटेस्ट वर्जन का लिंक **www.mtgcss.com** पर उपलब्ध है।

1. एनी वीडियो कन्वर्टर अपने कंप्यूटर में इंस्टॉल करने के बाद वीडियो कन्वर्टर आइकन 

पर क्लिक करिए।
2. एनी वीडियो कन्वर्टर का स्टार्टिंग स्क्रीन निम्न प्रकार से दिखाई देता है—

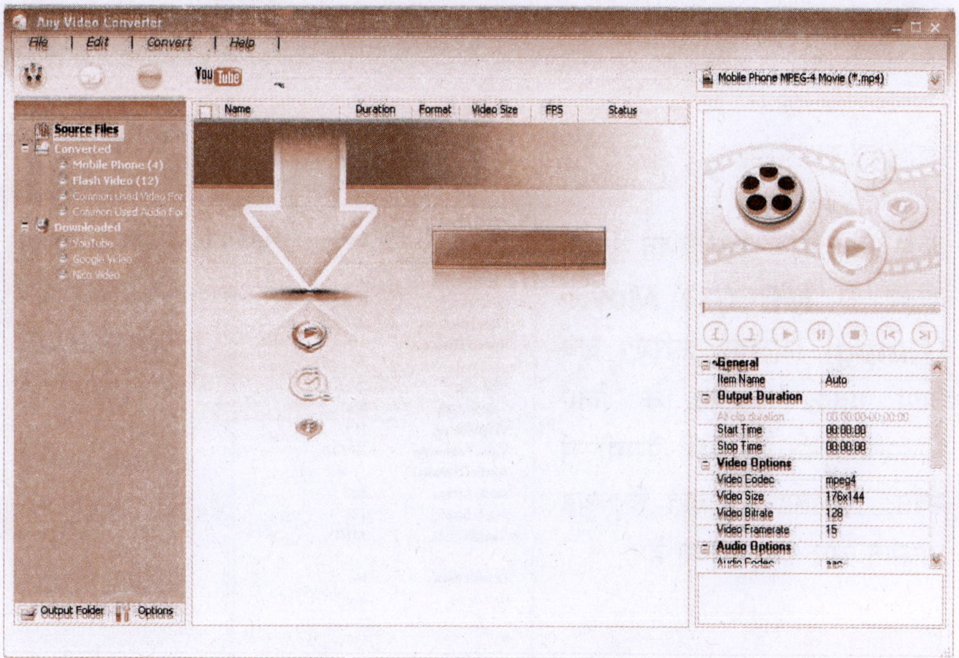

3. स्क्रीन के बाएँ हिस्से में Output folder बटन पर क्लिक करिए।

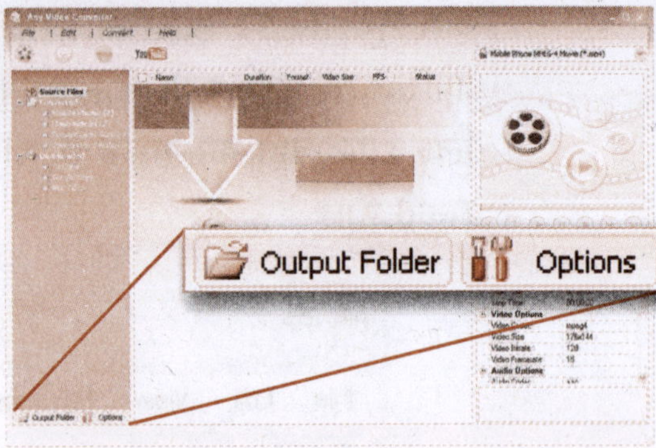

4. जैसा दिखाया गया है, आउटपुट फोल्डर लोकेशन को **General** टैब में बदलिए और **OK** बटन पर क्लिक करिए। आप **Browse** बटन का प्रयोग करके गंतव्य लोकेशन को खोलने के लिए **Open** (बटन) क्लिक करके **Any Video Converter** की सेव्ड लोकेशन चेक कर सकते हैं।

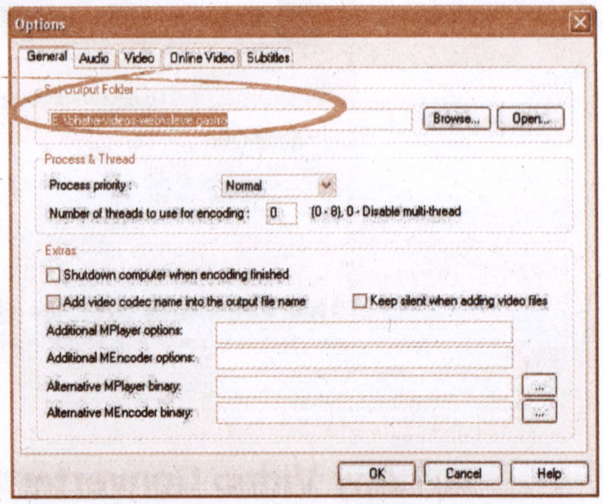

5. अब स्रोत फाइल फॉरमेट बदलने के लिए या तो **File > Add Video Files...** या **Add Video Files** बटन क्लिक करते हैं और सोर्स फाइल की लोकेशन नेविगेट करते हैं।

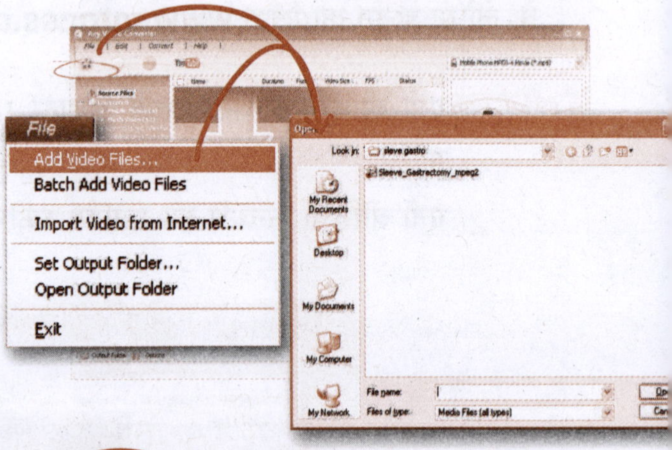

6. अब फॉरमेट सिलेक्शन ड्राप डाउन से **MPEG-1 Movie (*.mpg)** सिलेक्ट करिए। जब आप गंतव्य फॉरमेट के लिए विकल्प चुनते हैं, सभी पैरामीटर्स स्वत: सिलेक्ट हो जाते हैं। यह आसान और तेज तरीका है।

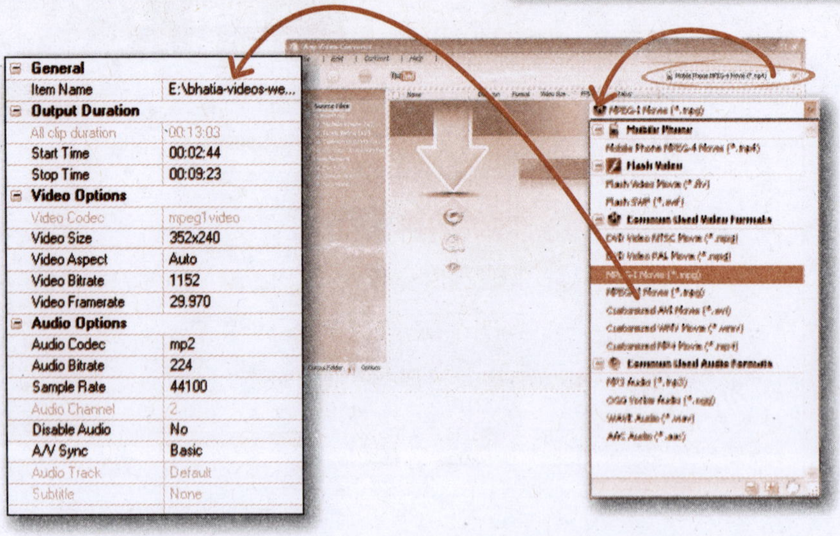

7. अब आप कन्वर्जन प्रक्रिया आरंभ करने के लिए पूरी तरह तैयार हैं। आपको केवल टूल बार पर **Start Encoding** बटन क्लिक करने की आवश्यकता है। विकल्प के रूप में आप **Convert> Start Converting** का प्रयोग कर सकते हैं; लेकिन रुकिए, आप अब भी बेसिक एडिटिंग कर सकते हैं। आप या तो

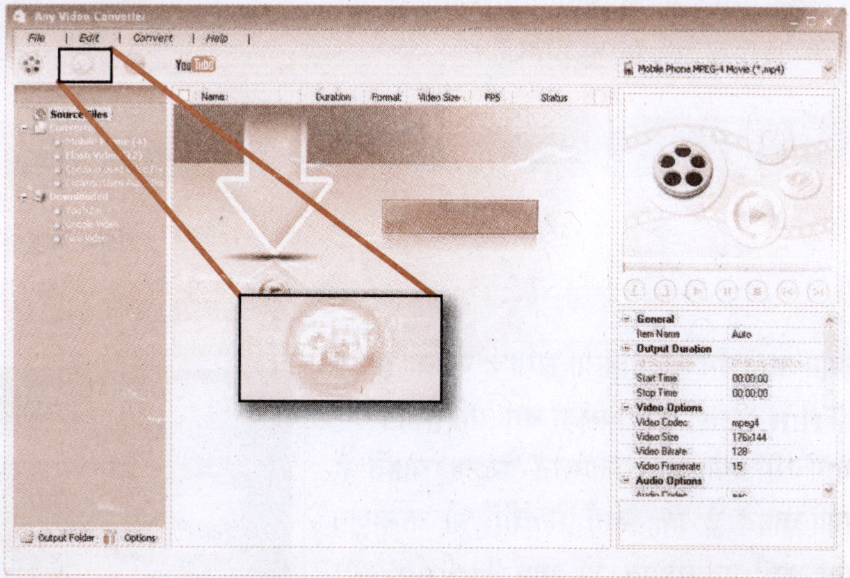

पूरे क्लिप को दूसरे फॉरमेट में बदल सकते हैं या वीडियो के मनपसंद हिस्से को सिलेक्ट करते समय और डिस्क स्पेस बचा सकते हैं, जिसकी आवश्यकता बड़ी फाइलों के लिए होगी।

वास्तव में, आप स्टार्ट पॉइंट और एंड पॉइंट सिलेक्ट कर सकते हैं, जिसका अर्थ है—आप इस सॉफ्टवेयर को बताते हैं कि किस स्थान पर कन्वर्जन की प्रक्रिया आरंभ करनी है और कहाँ समाप्त करनी है। आप मॉनीटर विंडो में प्ले बटन क्लिक करके क्लिप देख सकते हैं। आप एनी वीडियो कन्वर्टर को यह बताने के लिए कि कहाँ से कन्वर्जन आरंभ करना है और कहाँ समाप्त करना है, आप **Start to Trim** और **Stop to Trim** का प्रयोग कर सकते हैं। कैसे¨, यहाँ पर वर्णन है।

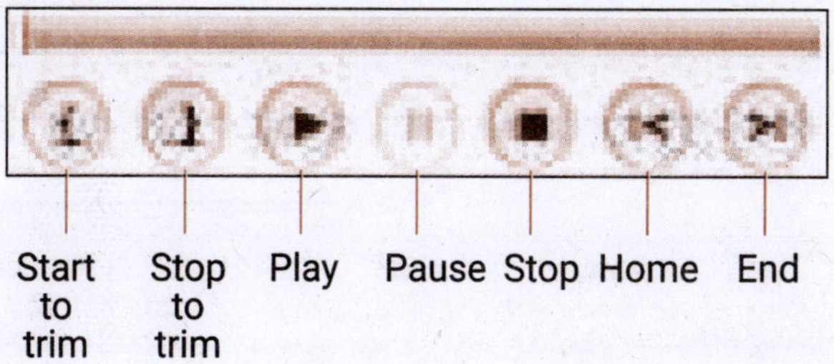

8. जहाँ से हम कन्वर्जन की प्रक्रिया आरंभ करना चाहते हैं, वीडियो प्ले करके प्लेवार **Start to Trim** बटन क्लिक कर सकते हैं। देखिए, कैसे प्लेवार कंटेंट का रंग बदल जाता है। यह वीडियो के केवल उस हिस्से को हाईलाइट करता है जिसे कन्वर्ट करना होता है।

9. अब जहाँ पर आप कन्वर्जन की प्रक्रिया समाप्त करना चाहते हैं, **Stop to Trim** बटन क्लिक कर सकते हैं। अगर आप अपने वीडियो का सिलेक्शन देखना चाहते हैं और यह जानना चाहते हैं कि कहाँ से वीडियो कन्वर्जन आरंभ होगा और कहाँ पर समाप्त, तो आप 'Home' और 'End' बटन का प्रयोग कर सकते हैं। वीडियो का केवल सिलेक्ट किया हुआ हिस्सा प्ले होगा। पैरामीटर टेबल में ये स्टार्ट और एंड पॉइंट भी दिखाई देंगे।

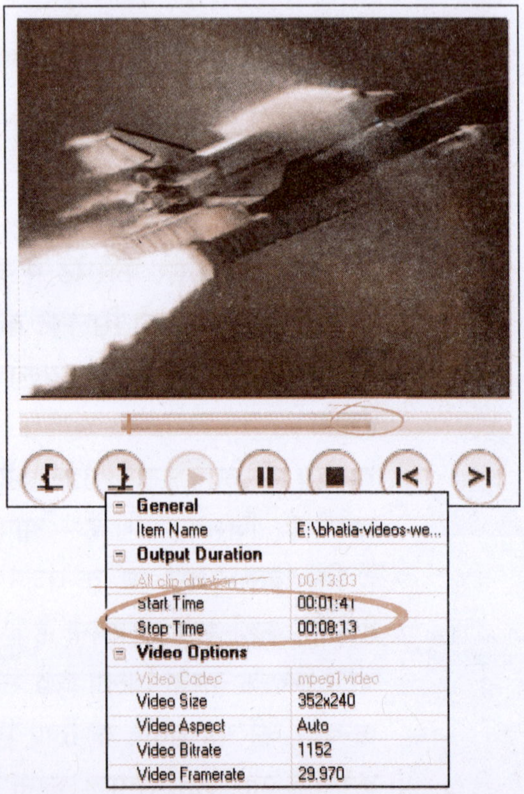

10. अब हम कन्वर्ट करने के लिए तैयार हैं। Start Encoding बटन क्लिक करिए और कन्वर्जन प्रक्रिया पूरी होने की प्रतीक्षा करिए।

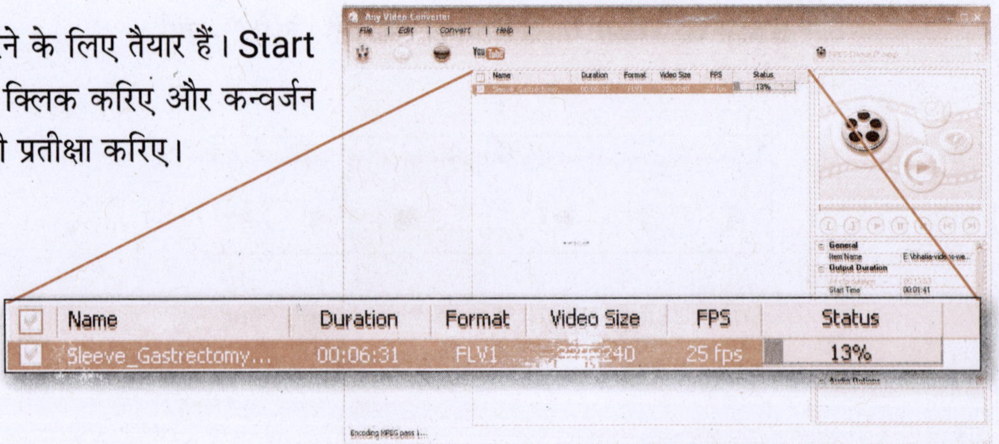

अभ्यास

(अ) बटनों के नाम लिखिए—

1. .... 5. ....
2. .... 6. ....
3. .... 7. ....
4. ....

(ब) निम्नलिखित का मैच करिए—

फाइल फॉरमेट	साधारणतया प्रयोग की जाती हैं
1. mpg, mpeg-1, mpeg, dat	अ. iPod, iPhone, PSP, smart-phones, web streaming
2. mpeg-2, VOB	ब. web streaming
3. 3gp	स. VCDs
4. mpeg-4	द. MP3 discs
5. FLV (Flash video), Real Video	च. Audio CDs
6. wav	छ. DVDs
7. mp3	ज. Smart phones

स. निम्नलिखित प्रश्नों के उत्तर दीजिए—

1. फॉरमेट कन्वर्टर क्या है ? किन्हीं दो फॉरमेट कन्वर्टर के नाम लिखिए।
2. VCD में एक मूवी को mpg फॉरमेट में बदलने के लिए क्रम लिखिए, जिससे आसानी से विंडोज मूवी मेकर में एडिट किया जा सके।
3. ये कौन से चिह्न हैं और इनका प्रयोग क्या है ? 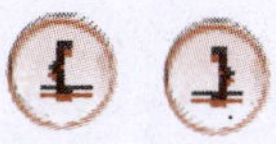
4. मूवी फाइल, जिसमें ऑडियो और वीडियो दोनों हैं, क्या आप उसमें से केवल ऑडियो अलग कर सकते हैं ?

बहुविकल्पीय प्रश्न

निम्न विकल्पों में से सही विकल्प पर (✔) निशान लगाएँ।

1. **FLV, रियल वीडियो फॉरमेट का प्रयोग········के लिए होता है।**

   अ. इंटरनेट स्ट्रीमिंग वीडियो

   ब. DVDs

   स. VCDs

   द. इनमें से कोई नहीं

2. **Wav और MP3 स्टोरिंग के लिए बहुत लोकप्रिय फाइल फॉरमेट है—**

   अ. गेम्स

   ब. वीडियो कंटेंट

   स. इंटरेक्टिव कंटेंट

   द. ऑडियो कंटेंट

3. **(|<) बटन का अर्थ है—**

   अ. गो होम या मूवी क्लिप का आरंभ

   ब. मूवी कुछ सेकंड पीछे

   स. 'अ' और 'ब' दोनों

   द. इनमें से कोई नहीं

4. **(>|) बटन का अर्थ है—**

   अ. मूवी क्लिप के अंत पर जाइए

   ब. कुछ सेकंड आगे बढ़िए

   स. मूवी क्लिप रिवाइंड

   द. इनमें से कोई नहीं

5. **व्यावसायिक VCDs, जो बाजार में उपलब्ध हैं, प्लेएबल वीडियो कंटेंट········ में सेव करते हैं—**

   अ. .dat फाइलें

   ब. .mpg फाइलें

   स. 'अ' और 'ब' दोनों

   द. इनमें से कोई नहीं

14 मूवी मेकर से मूवी बनाना

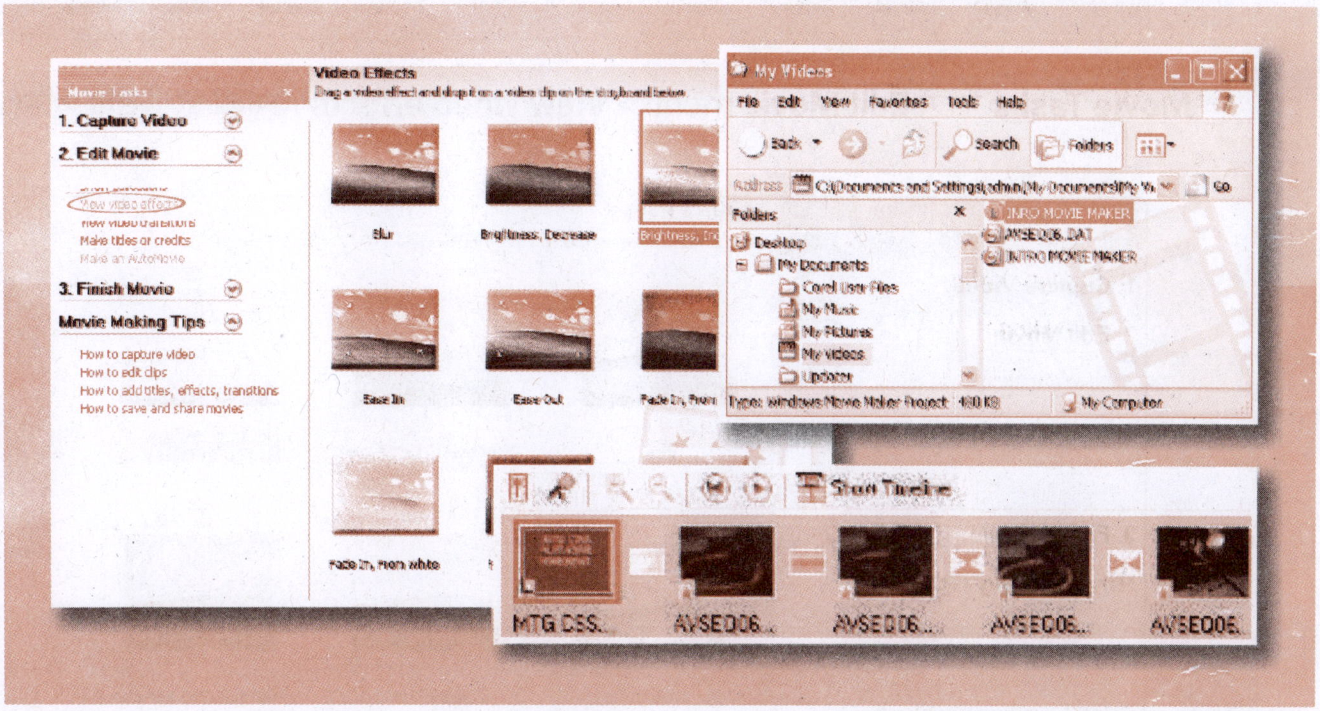

1. मूवी मेकर आइकन Movie Task पर दो बार क्लिक करके मूवी मेकर खोलिए या **Start > Programs > Windows Movie Maker** पर क्लिक करिए।
2. हमने फुटेज कैप्चर करने के लिए अपने मोबाइल फोन का प्रयोग किया और mpg फॉरमेट में बदल दिया। अब मूवी मेकर के **"Movie Tasks"** पैन पर बाईं ओर **"Import video"** विकल्प पर क्लिक करके कन्वर्टेड वीडियो को मूवी मेकर में इंपोर्ट करिए।

3. क्रिएट क्लिप विकल्प ऑन करने पर इंपोर्ट अवधि में मूवी स्वत: छोटे-छोटे क्लिप्स में बदल जाएगी और Collections में चली जाएगी। इच्छित क्लिप कलेक्शंस से टाइमलाइन में ड्रैग और ड्रॉप कीजिए।

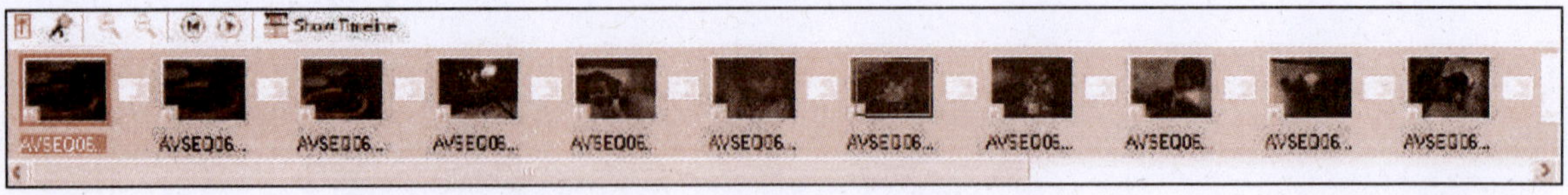

अब **Movie Tasks** पैन में **Edit Movie** menu > **View video effects** विकल्प पर क्लिक करिए।

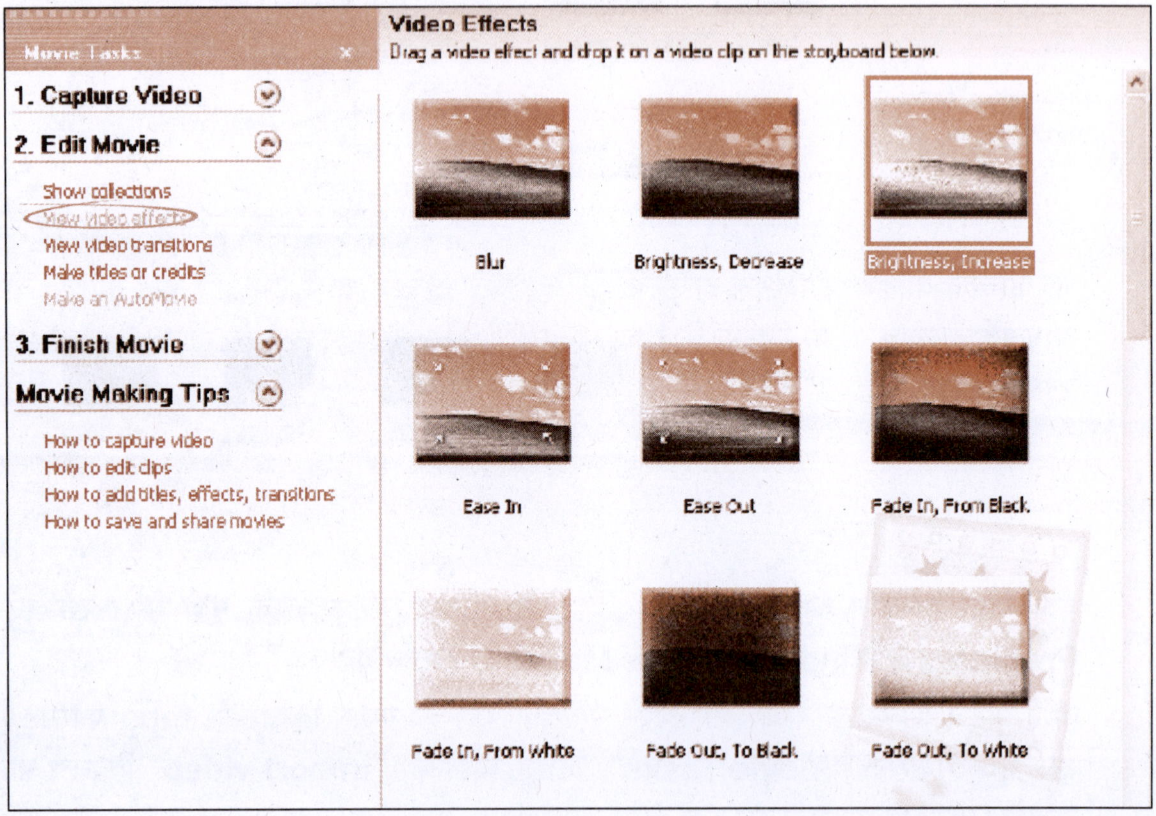

4. अब इच्छित वीडियो इफेक्ट्स टाइमलाइन से क्लिप पर ड्रैग और ड्रॉप कीजिए। वीडियो इफेक्ट्स प्रत्येक क्लिप के नीचे बाईं तरफ स्टार चिह्न के साथ जुड़ जाएगा। आप अलग क्लिप के लिए अलग वीडियो इफेक्ट प्लेस कर सकते हैं।

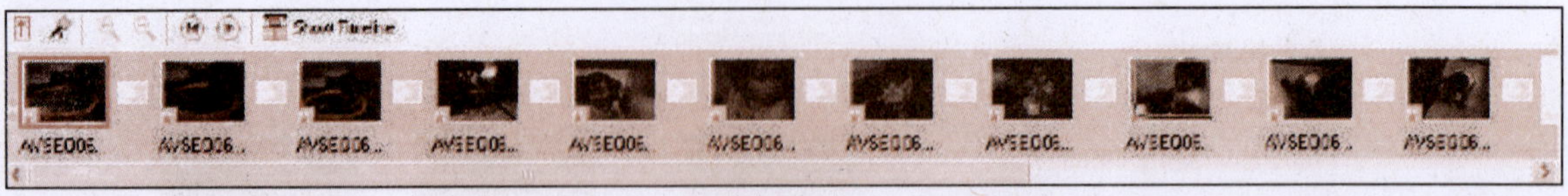

5. अब **"Movie Tasks"** पैन के **"Edit Movie"** विकल्प में **"View Video transitions"** पर क्लिक करिए।

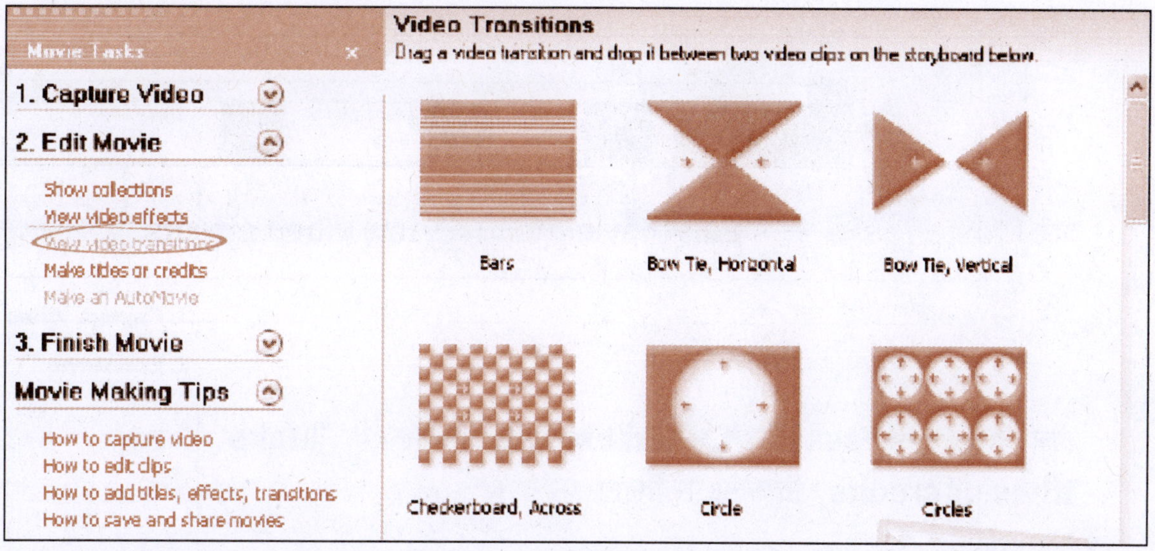

6. अब इच्छित वीडियो ट्रांजिशंस टाइमलाइन में दो क्लिप्स के बीच में ड्रैग और डॉप करिए। वीडियों ट्रांजिशन आयताकार ब्लॉक में दो क्लिपों के बीच में दिखेंगे। आप अलग क्लिप के बीच में अलग वीडियों ट्रांजिशंस प्लेस कर सकते हैं।

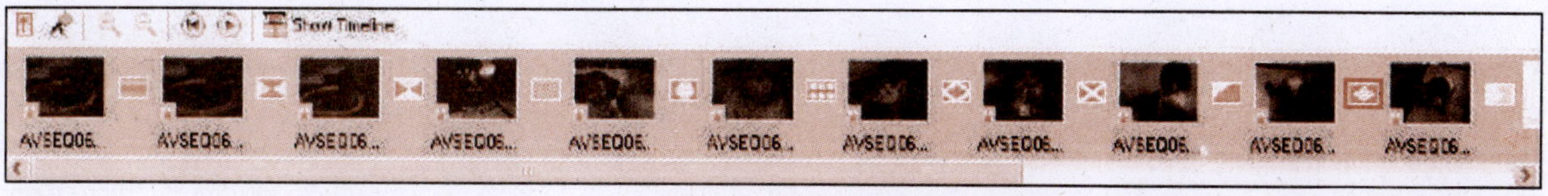

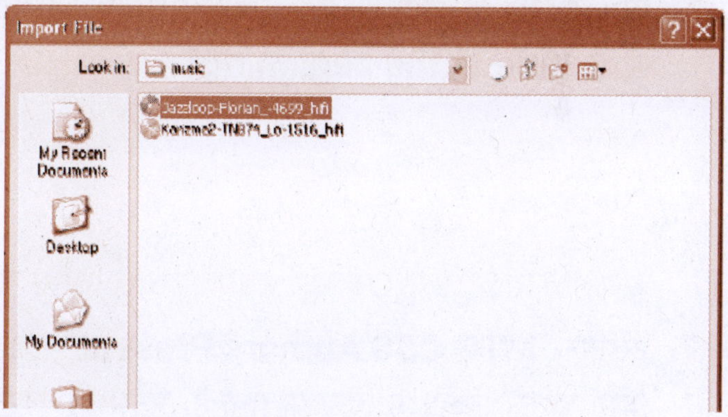

7. अब कलेक्शंस में म्यूजिक फाइल (.mp3) इंपोर्ट करिए।

8. अब कलेक्शंस से म्यूजिक फाइल टाइमलाइन में ड्रैग करिए, जैसे दिखाया गया है।

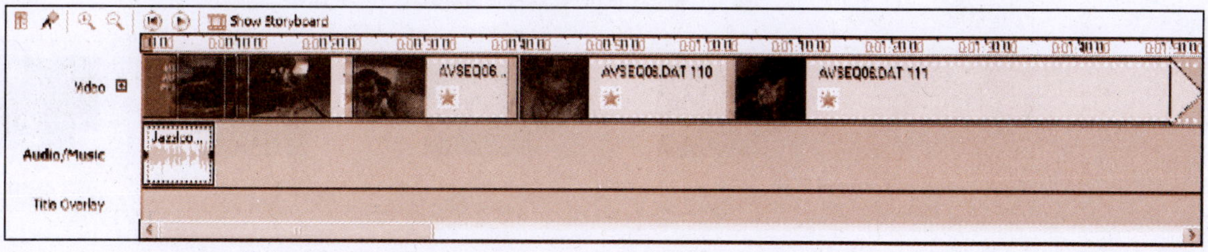

9. कलेक्शन से म्यूजिक फाइल टाइमलाइन में तब तक ड्रैग करिए जब तक आप मूवी की समाप्ति पर नहीं पहुँच जाते।

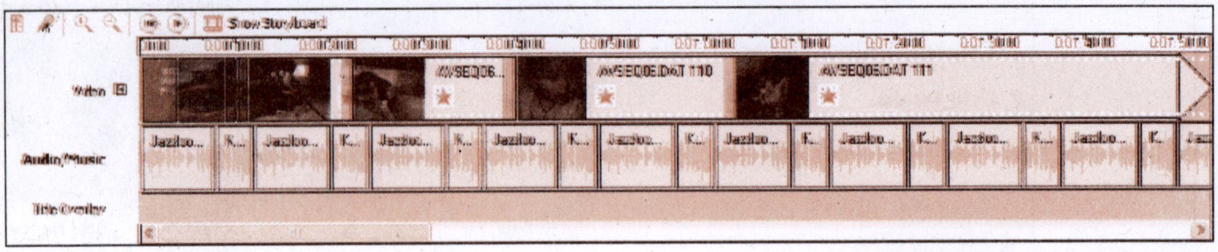

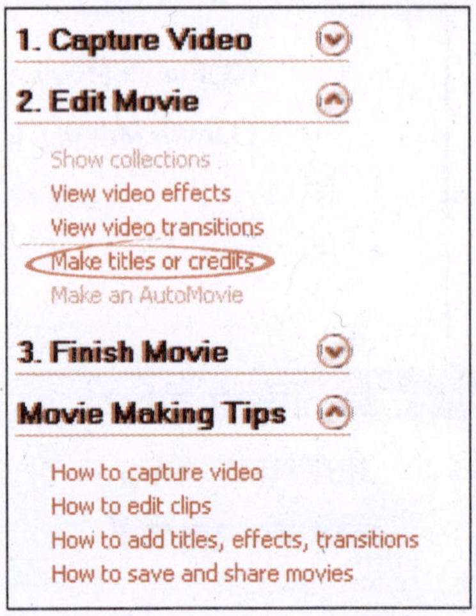

10. अब **"Movies Tasks"** पैन के **"Edit Movie"** विकल्प के **"Make titles or credits"** विकल्प पर क्लिक करिए।

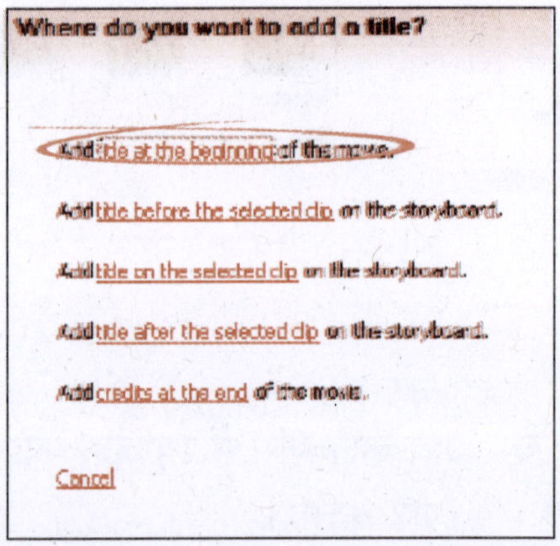

11. अब टाइटल के लिए इच्छित लोकेशन चुनिए, जैसे कि निम्न स्क्रीन में से **"title at the beginning"**।

12. टाइटल **"MTG CSS Authors Present"** एड करिए। टाइटल जैसा पहली क्लिप में दिखाया गया है, प्लेस हो जाएगा।

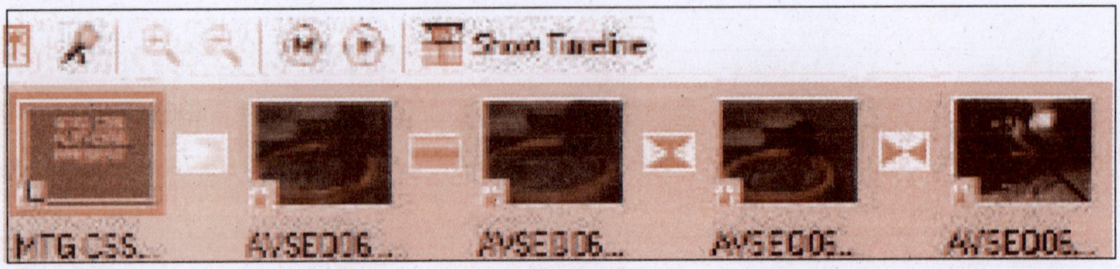

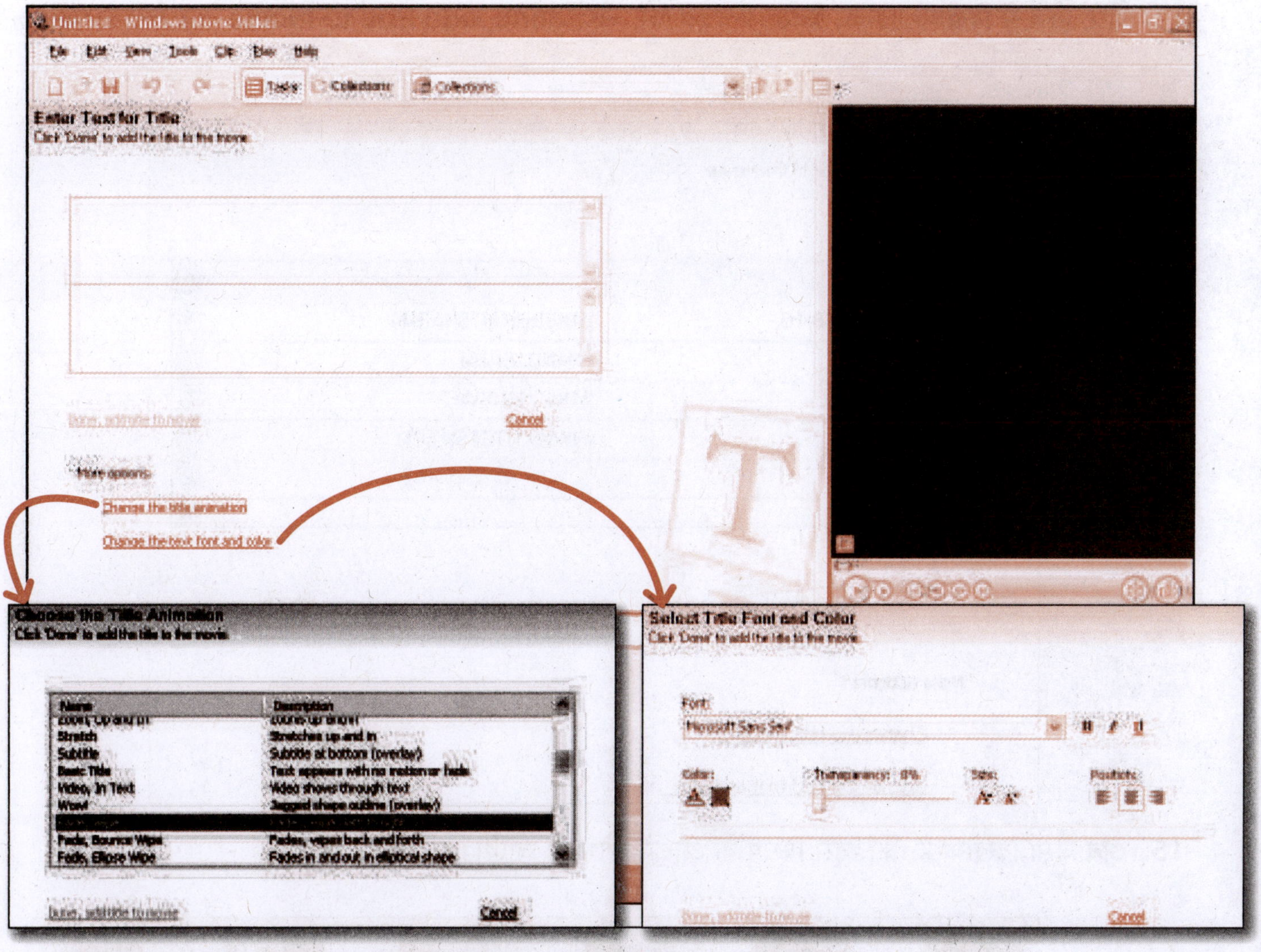

टाइटल एनिमेशन, टेक्स्ट फॉरमेटिंग और बैकग्राउंड रंग के लिए निर्देश का ध्यान दीजिए। आप इनका प्रयोग अपनी व्यावसायिक मूवी बनाने के लिए भी कर सकते हैं।

13. अब हम **"Credits at the end of the movie"** एड करेंगे।

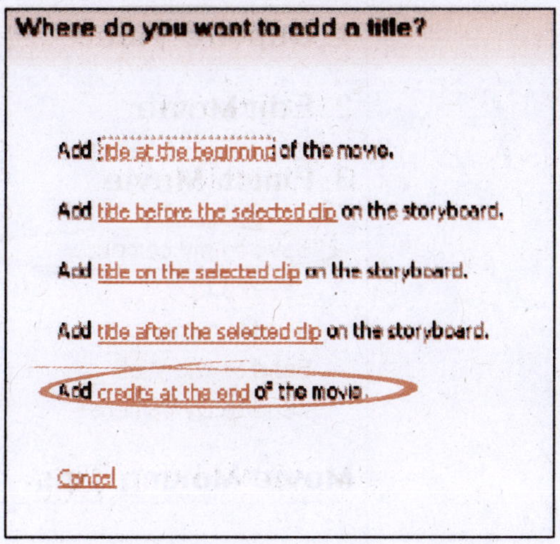

14. जैसे इमेज में दिखाया गया है, क्रेडिट्स टाइप करें और **"done, add title to movie"** पर क्लिक करिए।

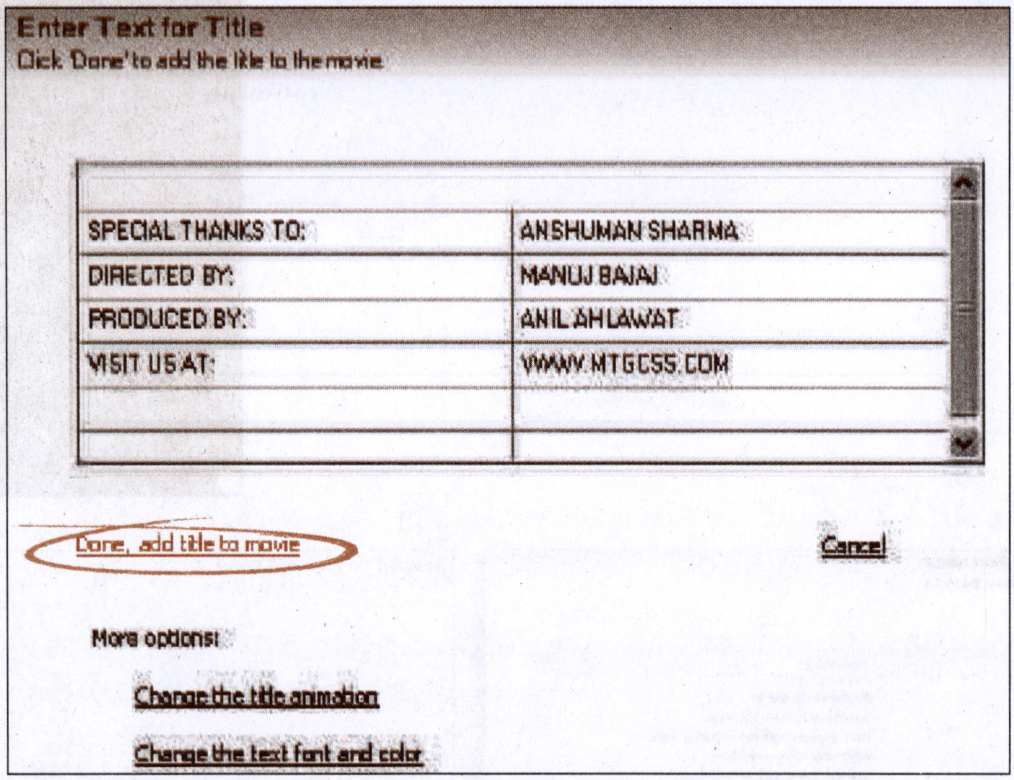

15. अब जैसा दिखाया है, क्रेडिट्स क्लिप के अंत में प्लेस हो जाएँगे।

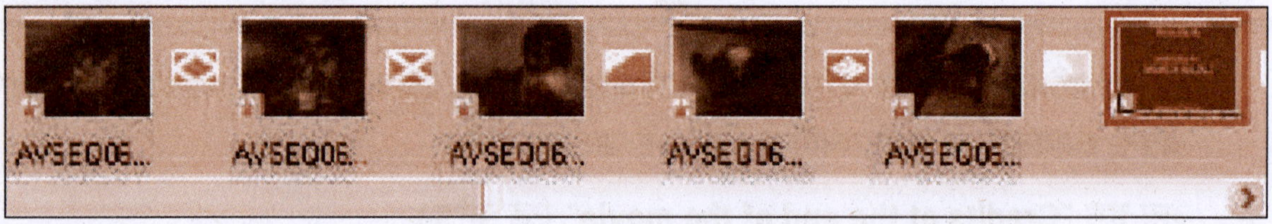

16. अब **"movie tasks pane"** में **"save to my computer"** विकल्प पर क्लिक करिए।

17. Save Movie Wizard में मूवी का टाइटल **"INTRO MOVIE MAKER"** लिखिए और **"next"** बटन पर क्लिक करिए।

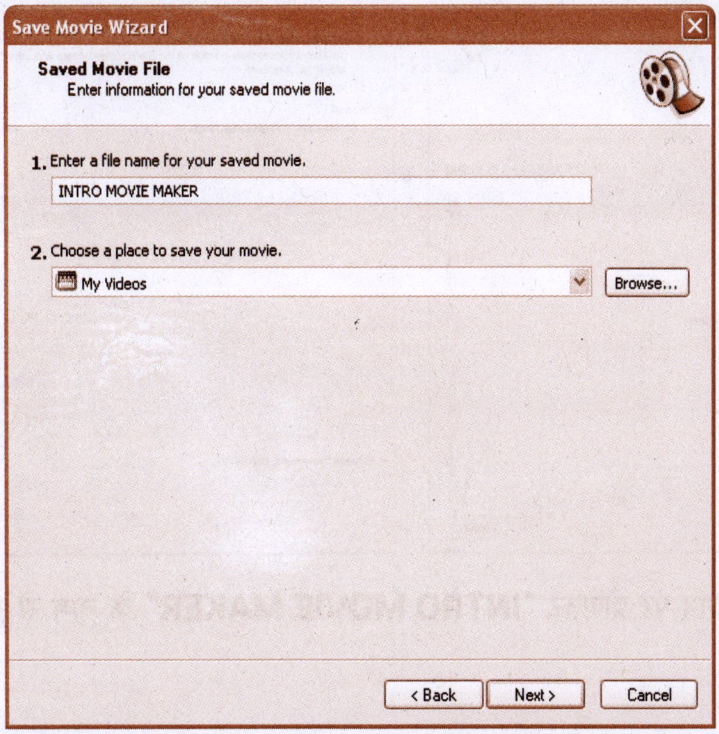

18. जैसा इमेज में दिखाया गया है, विकल्प चेक करिए और Next बटन पर क्लिक करिए।

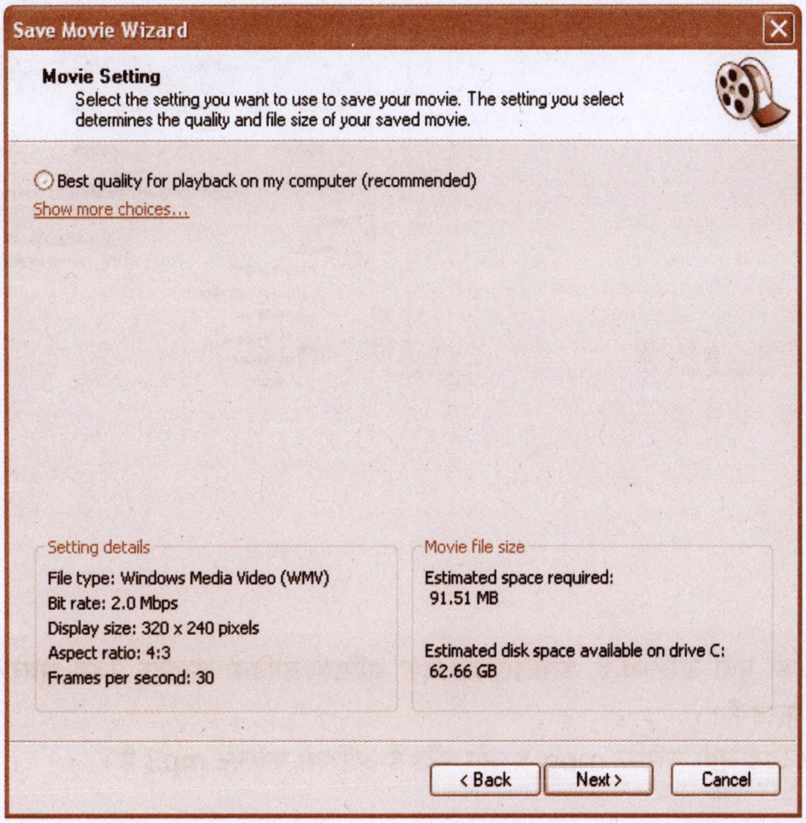

19. मूवी इच्छित लोकेशन पर सेव हो जाएगी। Finish बटन पर क्लिक करिए।

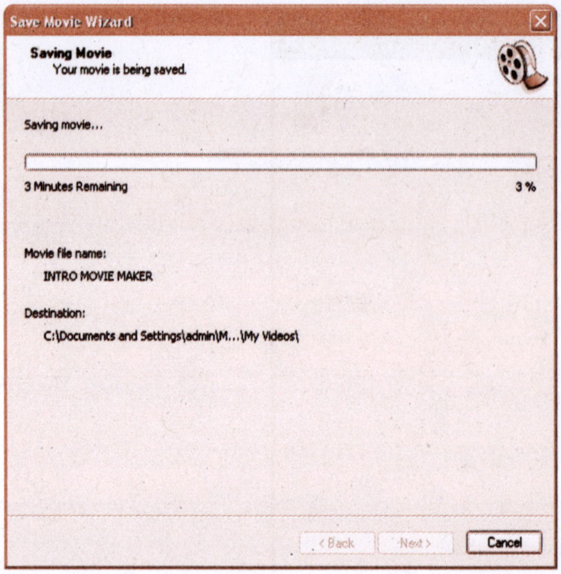

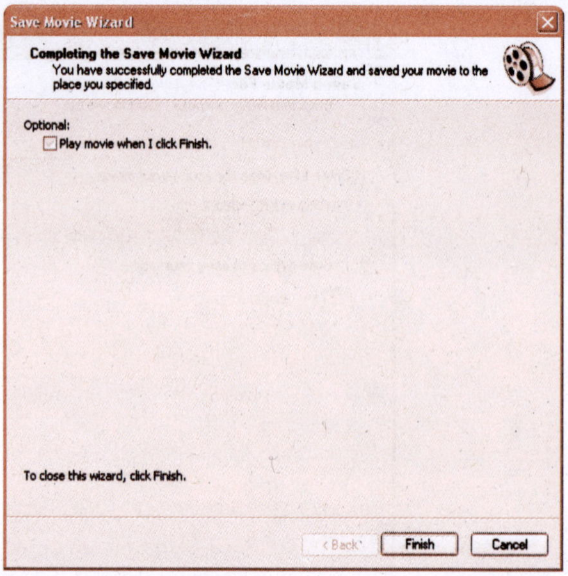

20. अब मूवी फाइल को उसी लोकेशन पर प्रोजेक्ट **"INTRO MOVIE MAKER"** के नाम से सेव करिए।

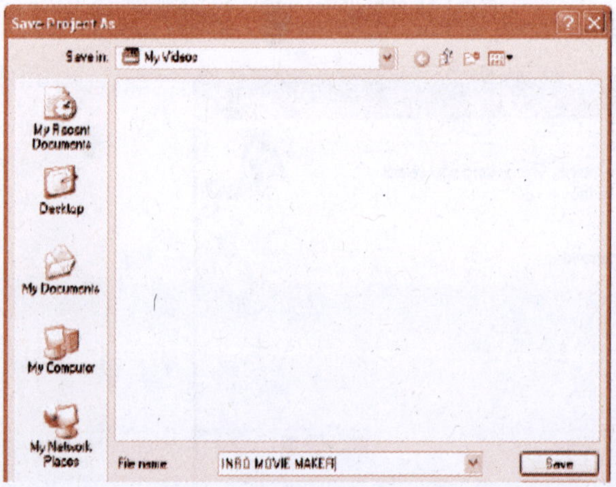

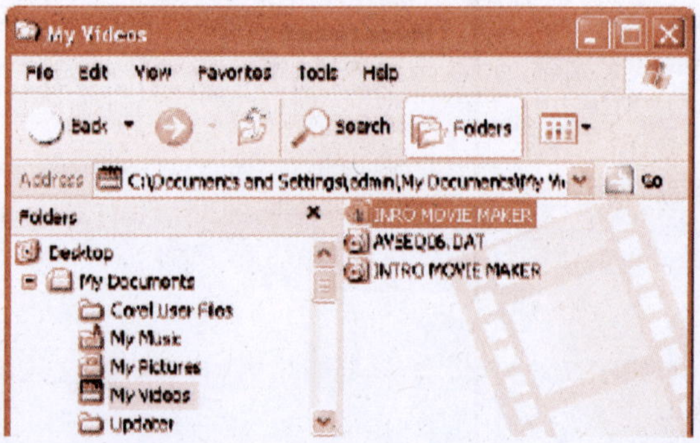

याद रखें

1. आजकल विभिन्न फॉरमेट्स की मूवी उपलब्ध हैं, इसलिए हम एक ऑडियो/वीडियो कन्वर्टर, जिसे **सुपर/एनी वीडियो कन्वर्टर** कहते हैं, का प्रयोग करते हैं।
2. मूवी मेकर के लिए वीडियो स्टैंडर्ड मूवी फॉरमेट mpg है और स्टैंडर्ड ऑडियो फॉरमेट mp3 है।

अभ्यास

(अ) रिक्त स्थान भरें—

1. वीडियो सी.डी. मूवी के लिए एक्सटेंशन............है
2. ....और............विकल्प मूवी टास्क पैन में उपलब्ध हैं।
3. हम कैप्चर वीडियो का प्रयोग करके............ , ...और............ इंपोर्ट कर सकते हैं।
4. Edit movie विकल्प का प्रयोग करके हम............और............प्रयोग कर सकते हैं।
5. एक............क्लिप्स के ऊपर ही प्लेस होता है और एक............दो क्लिप्स के बीच में प्लेस होता है।
6. जब आप विकल्प पर............एप्लाई करते हैं तो यह क्लिप के ऊपर एक स्टार के रूप में दिखता है।

(ब) निम्नलिखित प्रश्नों के उत्तर दीजिए—

1. सुपर वीडियो कन्वर्टर का प्रयोग करते हुए एक मूवी का .dat से .mpg में बदलने के लिए क्रम लिखिए।
2. मूवी मेकर में ऑडियो, वीडियो और पिक्चर इंपोर्ट करने के लिए क्रम लिखिए।
3. किसी मूवी क्लिप पर वीडियो इफेक्ट्स और ट्रांजिशन असाइन करने के लिए क्रम लिखिए।
4. मूवी क्लिप पर क्रेडिट्स असाइन करने के लिए क्रम लिखिए।
5. मूवी क्लिप सेव करने के लिए क्रम लिखिए।

बहुविकल्पीय प्रश्न

निम्न विकल्पों में से सही विकल्प पर (✔) निशान लगाएँ।

1. ....सॉफ्टवेयर की लाइसेंस फीस भुगतान करने की आवश्यकता नहीं।

अ. ट्रायलवेयर ब. शेयरवेयर

स. ओपन सोर्स द. इनमें से कोई नहीं

2. ऑडियो, वीडियो और पिक्चर इंपोर्ट करने के लिए हमें............उपलब्ध विकल्प का प्रयोग करना होता है।

अ. कैप्चर वीडियो ब. एडिट मूवी

स. फिनिश मूवी द. इनमें से कोई नहीं

3. वीडियो इंफेक्ट्स ट्रांजिशंस और क्रेडिट्स के प्रयोग के लिए .... विकल्प का प्रयोग होता है।

अ. कैप्चर वीडियो   ब. एडिट मूवी

स. फिनिश मूवी   द. इनमें से कोई नहीं

4. हम मूवी का .... में सेव कर सकते हैं।

अ. कंप्यूटर   ब. सी.डी.

स. अ और ब दोनों   द. इनमें से कोई नहीं

5. मूवी को .... पर भेज सकते हैं।

अ. इ–मेल   ब. वेब

स. DV कैमरा   द. उपर्युक्त सभी

6. जब आप स्टोरीबोर्ड में एक वीडियो क्लिप पर वीडियो इफेक्ट एप्लाई करते हैं तो यह एक .... रूप में दिखता है।

अ. स्टार   ब. त्रिभुज

स. स्टार या त्रिभुज प्रयोग किए गए इफेक्ट पर निर्भर करता है

द. इनमें से कोई नहीं

7. ट्रांजिशंस .... एप्लाई किया जाता है।

अ. क्लिप के ऊपर   ब. स्टोरीबोर्ड में दो क्लिप्स के बीच में

स. स्टोरीबोर्ड पर टाइटिल और वीडियो के बीच में

द. 'ब' और 'स' दोनों

8. फाइलें विवरण .mp3 .... में प्लेस होगा।

अ. वीडियो टाइमलाइन   ब. ऑडियो/वीडियो टाइमलाइन

स. टाइटल ओवरले टाइमलाइन   द. इनमें से कोई नहीं

9. My_home_video.jpg .... में प्लेस होगी।

अ. वीडियो टाइमलाइन   ब. ऑडियो म्यूजिक टाइमलाइन

स. टाइटल ओवरले टाइमलाइन   द. इनमें से कोई नहीं

15 पावर पॉइंट मल्टीमीडिया

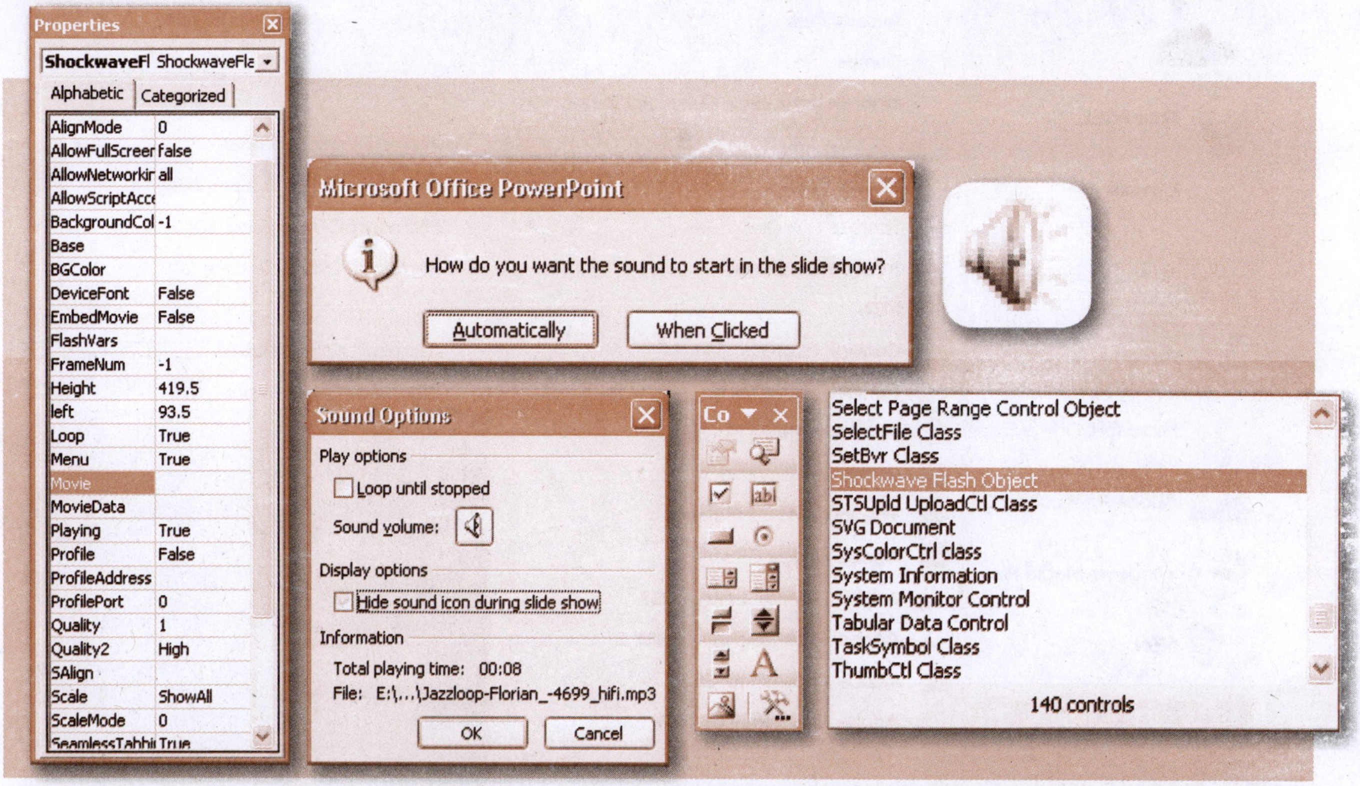

पिछली कक्षाओं में हमने माइक्रोसॉफ्ट ऑफिस पूरे विस्तार के साथ पढ़ा है। हमने वर्ड, एक्सेल और पावर पॉइंट का अध्ययन एडवांस्ड फीचर्स और फंक्शन के साथ किया है। उनके इस अध्याय में हम माइक्रोसॉफ्ट पावर पॉइंट के अन्य पावरफुल फीचर्स और फंक्शनलटीज के बारे में पढ़ेंगे।

इस कक्षा में हमने विंडोज मूवी मेकर में फ्लैश और मूवीज में एनिमेशन निर्माण करना सीखा। हमें पहले से पता है कि हम पावर पॉइंट में साउंड फाइल और मूवीज इंसर्ट व प्ले कर सकते हैं। क्या आप जानते हैं कि हम आप पावर पॉइंट में फ्लैश मूवीज इंसर्ट और प्ले कर सकते हैं और अपने प्रेजेंटेशन को सजीव बना सकते हैं ? उत्तर हाँ में है। आप पावर पॉइंट में फ्लैश एनिमेशन इंसर्ट कर सकते हैं। यद्यपि साउंड फाइल और मूवी फाइल इंसर्ट करने की विधि एकदम सरल है, लेकिन फ्लैश एनिमेशन इंसर्ट करना थोड़ा युक्तिपूर्ण है। इस अध्याय में हम उन्हीं युक्तियों और तकनीकों की चर्चा करेंगे।

साउंड इंसर्ट करना (MIDI, WAV, MP3, AIFF, AU)

साउंड कुछ भी हो सकती है, जैसे गाने, बैकग्राउंड म्यूजिक, नरेशन के लिए आपकी आवाज आदि। विभिन्न तरीके हैं, जिनसे आपको साउंड फाइलें मिल सकती हैं। जैसे रिकॉर्डर पर अपनी आवाज रिकॉर्ड करके, ऑडियो या mp3 CDs, इंटरनेट साइट्स, जो रॉयल्टी फ्री म्यूजिक उपलब्ध कराती हैं आदि। तो आइए, जल्दी से शुरुआत करें।

1. Start > All Programs > Microsoft Office > Microsoft Office PowerPoint 2003 द्वारा पावर पॉइंट को ओपन करिए।

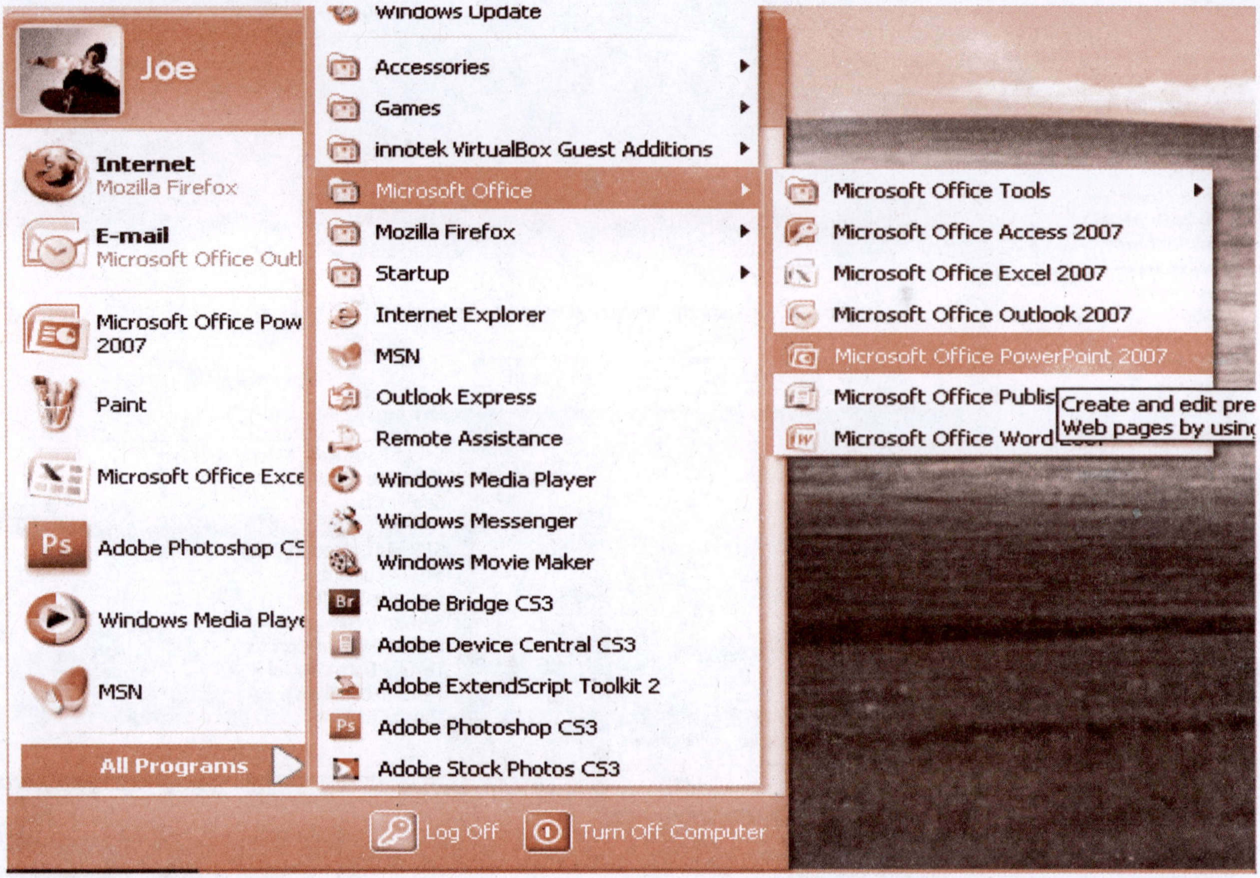

2. बैकग्राउंड म्यूजिक, जो आपके पूरे प्रेजेंटेशन की अवधि में चलता रहे, इंसर्ट करने के लिए **Insert > Movies and Sounds > Sound from File** क्लिक करिए।

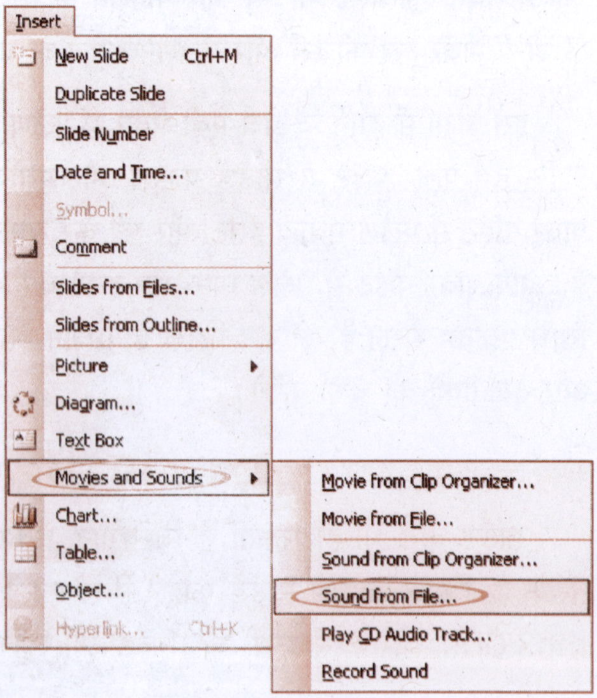

3. Insert Sound डायलॉग बॉक्स खुलेगा। जहाँ पर फाइल लोकेट है, उस लोकेशन को नेविगेट करिए। Sound File सिलेक्ट करिए और OK क्लिक करिए। कृपया ध्यान दीजिए, केवल **aiff, au, midi, wav, mp3 wma** इंसर्ट की जा सकती हैं।

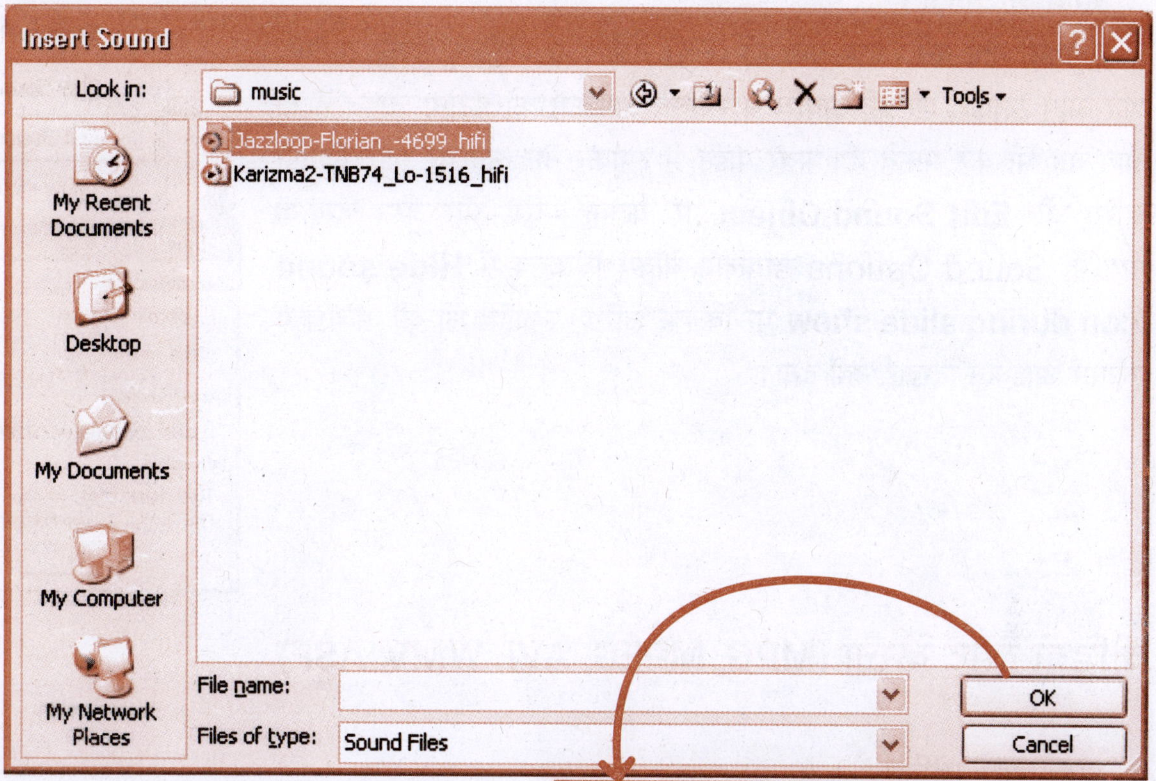

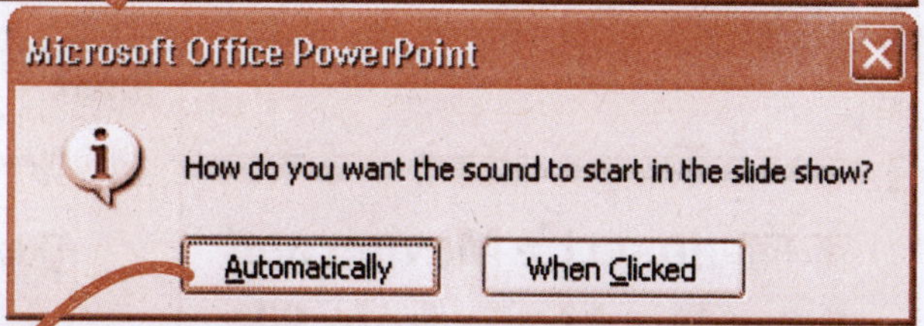

4. पावर पॉइंट पुष्टि करेगा कि यह ऑडियो फाइल स्वतः प्ले होगी या क्लिक करने पर। हम ऑटोमैटिकली बटन पर क्लिक करते हैं, यद्यपि हम दूसरे विकल्प ढूँढ़ सकते हैं।

साउंड फाइल प्रेजेंटेशन में इंसर्ट हो जाती है। यह छोटे स्पीकर आइकन द्वारा सूचित किया जाता है।

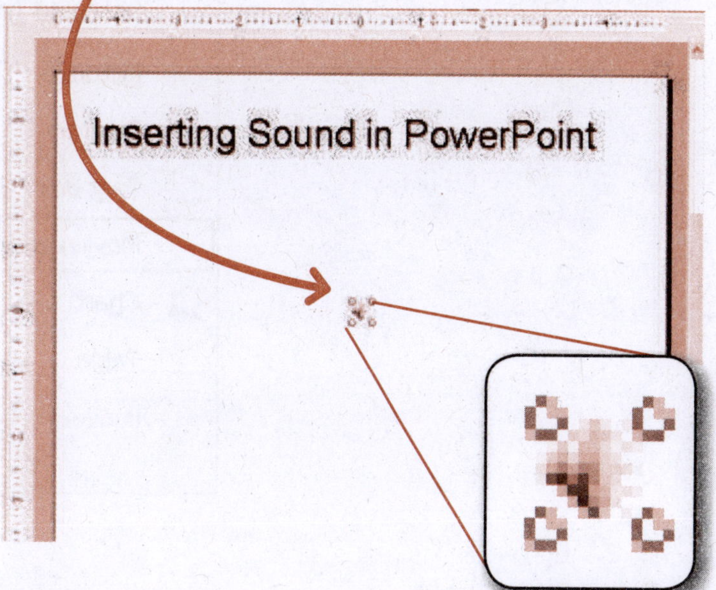

5. आप पावर पॉइंट को निर्देश दे सकते हैं कि जब तक स्टॉप न हो, म्यूजिक बजाया जाए और म्यूजिक का वॉल्यूम सेट करिए। आप इसे स्पीकर आइकन को राइट क्लिक करके और Edit Sound Object पर क्लिक करके कर सकते हैं।

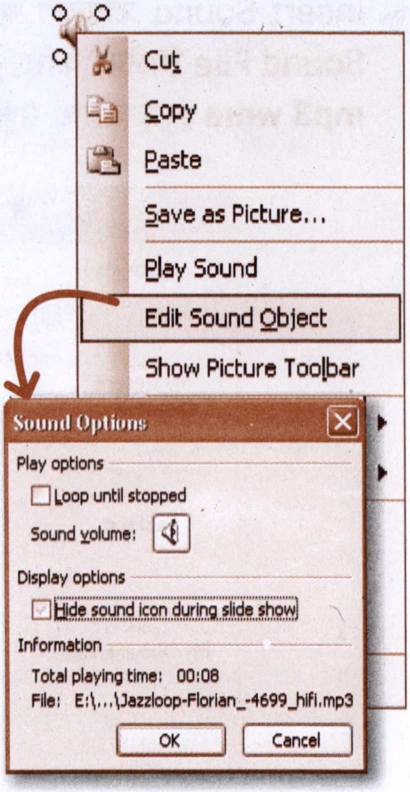

कृपया नोट करें, जब आप शो (F5) देखेंगे तो म्यूजिक बजने लगेगा। यदि आप स्लाइड शो की अवधि में स्पीकर आइकन को हटाना चाहते हैं तो आप वह भी कर सकते हैं। पावर पॉइंट में स्पीकर आइकन पर राइट क्लिक करिए और **Edit Sound Object** पर क्लिक करिए और जैसा दिखाया गया है, Sound Options डायलॉग बॉक्स विकल्प में **Hide sound icon during slide show** पर क्लिक करिए। स्लाइड शो की अवधि में स्पीकर आइकन दिखाई नहीं देगा।

वीडियो इंसर्ट करना (MPG, MPEG, AVI, WMV, ASF)

1. पावर पॉइंट खोलिए।

2. अपने प्रेजेंटेशन में वीडियो इंसर्ट करने के लिए **Insert > Movies and Sounds > Movie from File** क्लिक करिए।

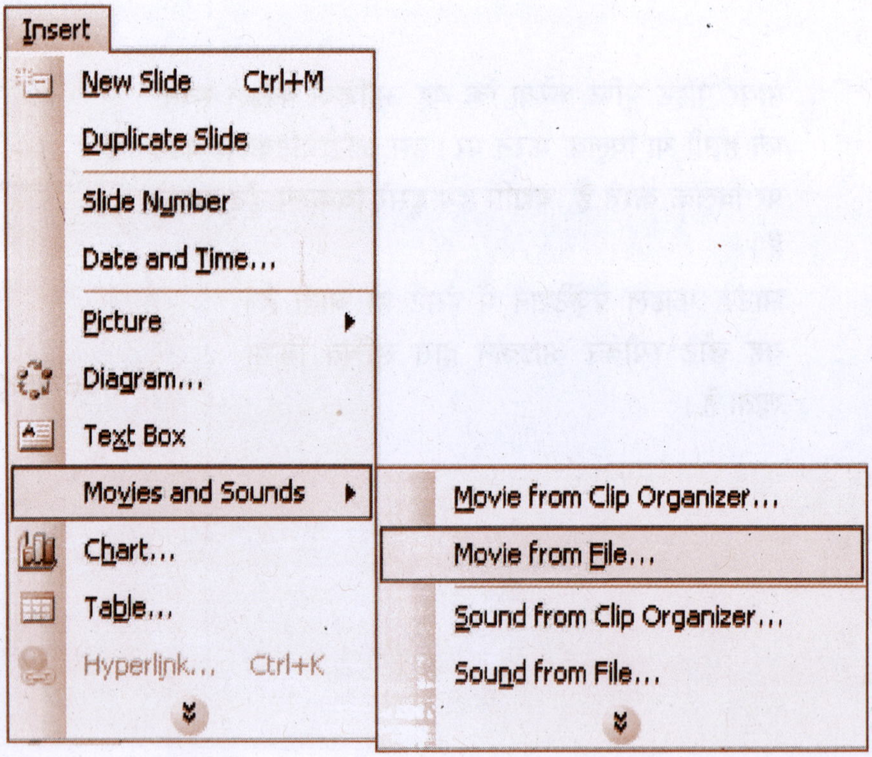

3. Insert Movie डायलॉग बॉक्स खुलेगा। जहाँ पर फाइल लोकेट है, उस लोकेशन को नेवीगेट करिए। MOVIE फाइल सिलेक्ट करिए और OK बटन पर क्लिक करिए। कृपया ध्यान दीजिए, केवल **mpg, mpeg, avi, wmv, asf** फाइल इंसर्ट की जा सकती हैं।

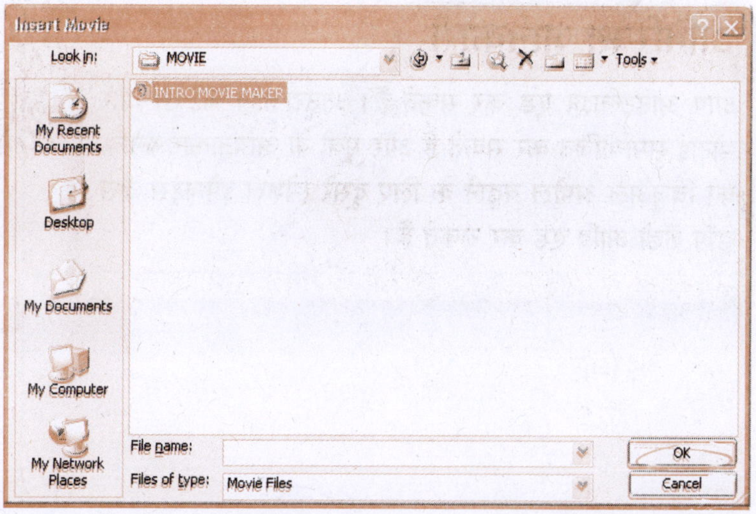

4. पावर पॉइंट यह पुष्टि करेगा कि आप चाहते हैं कि यह मूवी स्वत: चले या जब आप क्लिक करें तब। हम **Automatically** बटन पर क्लिक करेंगे। यद्यपि आप दूसरे विकल्प ढूँढ़ सकते हैं। मूवी प्रेजेंटेशन में इंसर्ट हो जाती है। यह एक आयताकार द्वारा सूचित होता है कि जब आप स्लाइड शो चलाएँगे तो मूवी इसमें प्ले होगी। आप अपने प्रेजेंटेशन में मूवी का आकार घटा या बढ़ा सकते हैं।

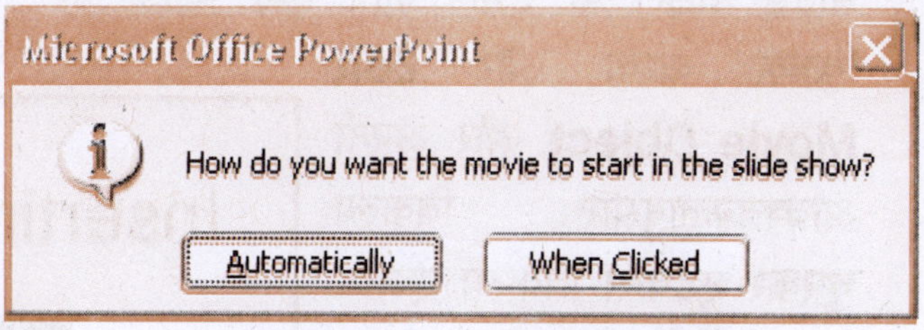

5. किन्हीं चार कॉर्नर हैंडल का प्रयोग करके आप मूवी के आयताकार ब्लॉक का आकार घटा/बढ़ा सकते हैं।

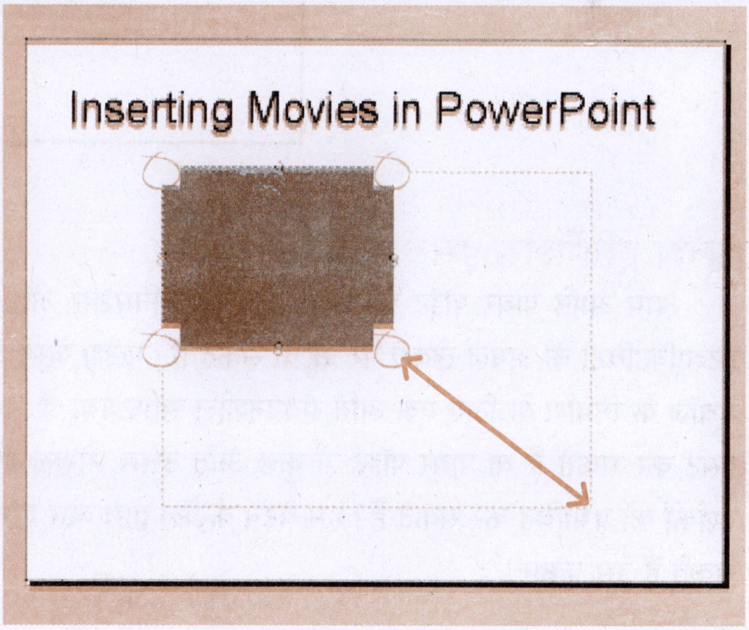

अतिरिक्त जानकारी

आप आउटलाइन एड कर सकते हैं। आउटलाइन का रंग और मोटाई समायोजित कर सकते हैं और मूवी के आयताकार ब्लॉक की विजुअल अपील बढ़ाने के लिए दूसरे स्पेशल इफेक्ट्स जैसे ड्रॉप शैडो आदि एड कर सकते हैं।

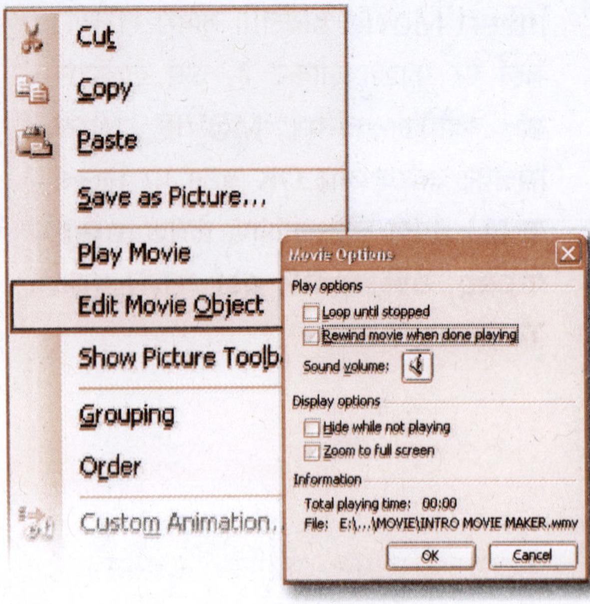

6. साउंड फाइल के समान आप मूवी ब्लॉक पर राइट क्लिक करके और **Edit Movie Object** और अपनी आवश्यकतानुसार विकल्प चुनकर एडवांस विकल्प एक्सेस कर सकते हैं।

   कृपया ध्यान दीजिए, जब आप शो **(F5)** देखेंगे, मूवी स्वतः प्ले हो जाएगी।

फ्लैश एनिमेशंस इंसर्ट करना (SWF)

आप अपने पावर पॉइंट प्रेजेंटेशन में फ्लैश एनिमेशंस और जाज़ एड कर सकते हैं और अपने प्रेजेंटेशन को इंटरएक्टिविटी के अगले लेवल पर पहुँचा सकते हैं। फ्लैश जैसा आप जानते हैं, हाई ऐंड एनिमेशन और इंटरएक्टिव मूवीज के निर्माण के लिए एक अति संवेदनशील सॉफ्टवेयर है। आप इन मूवीज को अपने प्रेजेंटेशन में मजे के लिए इंसर्ट कर सकते हैं या पावर पॉइंट में कुछ अति उत्तम स्पेशल इफेक्ट्स, जो फ्लैश निर्माण कर सकता है, जोड़कर दर्शकों को प्रभावित कर सकते हैं। हम बटन कंट्रोल द्वारा कार एनिमेशन को अपने प्रेजेंटेशन इंसर्ट करते हैं। कैसे कर सकते हैं इस प्रकार!

1. पावर पॉइंट खोलिए, अगर यह पहले से नहीं खुला है।

2. अपने प्रेजेंटेशन में फ्लैश इंसर्ट करने के लिए Toolbars पर राइट क्लिक और **Control Toolbox** पर क्लिक करिए। विकल्प के रूप में आप यह **View>Toolbars>Control Toolbox** क्लिक करके कर सकते हैं।

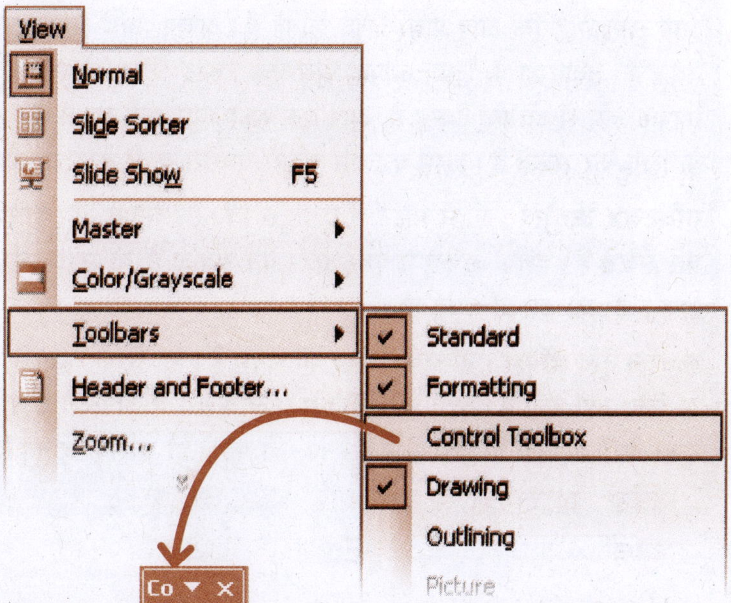

3. कंट्रोल टूलबॉक्स फ्लोटिंग टूलबार खुल जाएगा।

4. नीचे दाहिने कोने पर **More Controls** क्लिक करिए और **Shockwave Flash Object** पर क्लिक करिए।

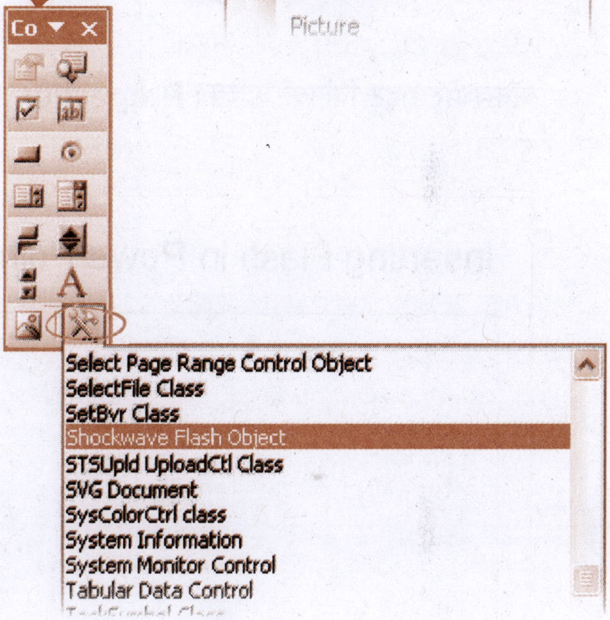

कर्सर पर ध्यान दीजिए। यह ऐरो कर्सर से at कर्सर में बदल जाएगा।

5. माउस से खींचकर क्षेत्र निर्धारित करिए, जहाँ फ्लैश मूवी डिस्प्ले होगी। आप देखेंगे, जहाँ पर आपने माउस खींचा था, वहाँ एक बॉक्स दिखाई देगा।

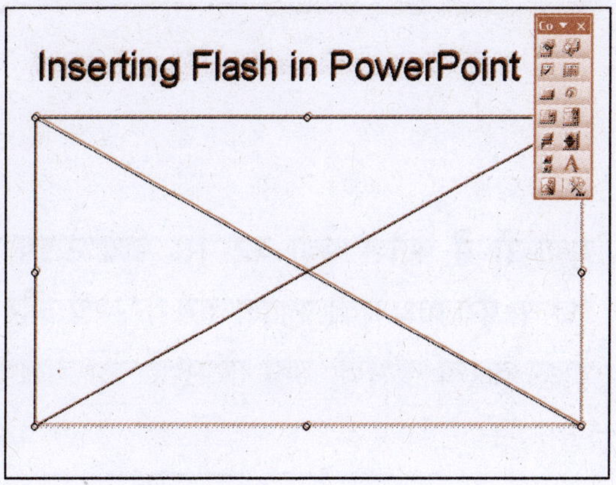

अतिरिक्त जानकारी : एक्टिव × कंट्रोल, कंट्रोल टूलबॉक्स

आप समझते हैं कि आप पावर पॉइंट जानते हैं। अच्छा, अब आप वास्तव में शक्तिशाली और एडवांस तकनीक सीखने के लिए तैयार हैं। उदाहरण के लिए, आपके पास एक टेक्स्ट बॉक्स हो सकता है, जिसे शो चलते हुए एडिट किया जा सकता है। अगर आपके रूम से अधिक टेक्स्ट है, आप एक स्क्रोलबार बना सकते हैं। आप पावर पॉइंट का प्रयोग क्विज या सर्वे आयोजित करने के लिए कर सकते हैं। इसमें एडवांस फीचर एक्सेस करने के लिए आवश्यक टूल ये हैं।

एक्टिवX कंट्रोल : पावर पॉइंट में एडवांस विकल्प बनाने और इंटरेक्टिविटी बढ़ाने के काम आता है। आप फ्लैश मूवी इंसर्ट कर सकते हैं। दर्शक अपना प्रत्युत्तर टाइप कर सकता है या सही उत्तर के लिए बॉक्स चेक कर सकता है या बटन सिलेक्ट कर सकता है, जो उसकी पसंद हो।

कंट्रोल टूल बॉक्स : एक्टिव कंट्रोल का समूह है। यह छिपा रहता है, दिखता नहीं है, क्योंकि यह दिन-प्रतिदिन के रुटीन कार्यों के लिए नहीं बना है। आप इसे ऑफिस एप्लीकेशंस में अनलैश द पावर ऑफ एक्टिव कंट्रोल से खोल सकते हैं। यह एडवांस यूजर के लिए बना है, जैसे आपके लिए, जो पहले ही बेसिक जानते हैं।

6. बॉक्स पर राइट क्लिक करिए। **Properties** पर क्लिक करिए। प्रॉपर्टीज फ्लोटिंग पैनल खुलेगा।

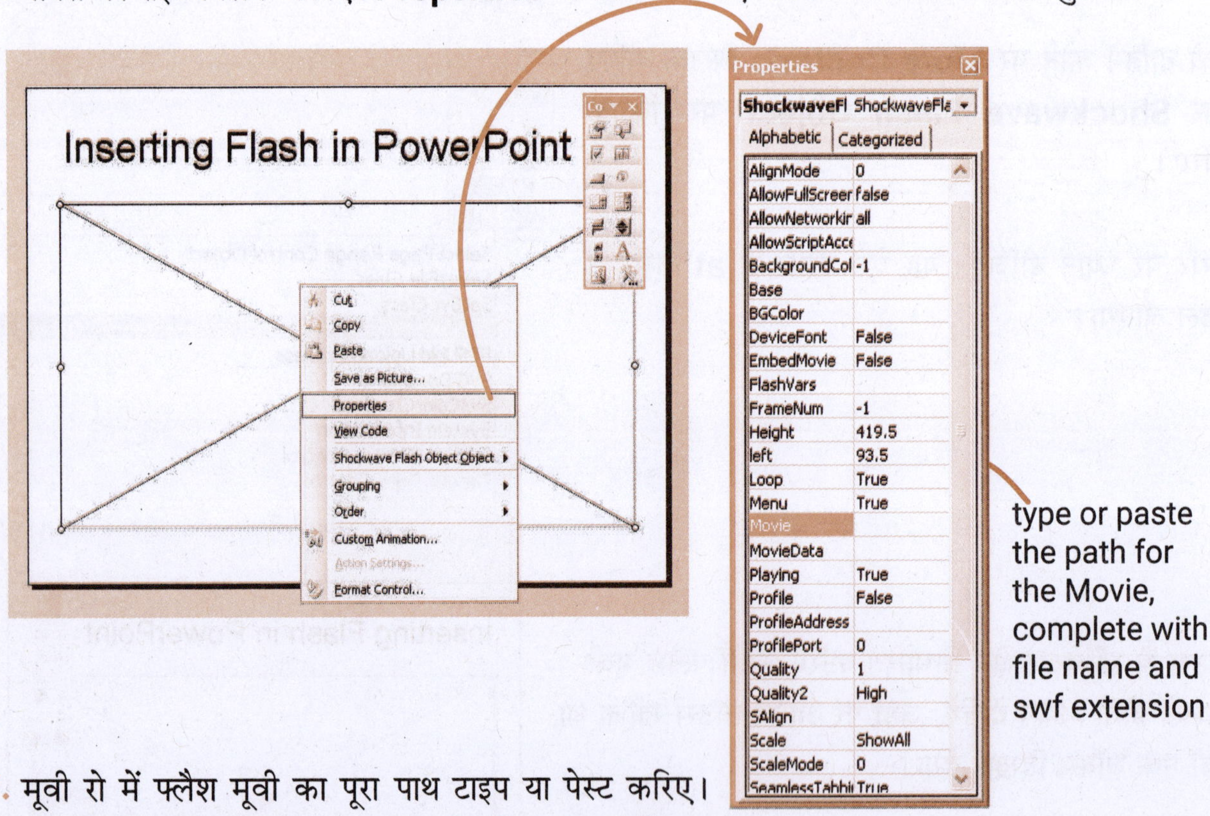

7. मूवी रो में फ्लैश मूवी का पूरा पाथ टाइप या पेस्ट करिए। कृपया पूरा पाथ मूवी फाइल नाम के साथ और swf एक्सटेंशन टाइप करना न भूलें, नहीं तो मूवी नहीं चलेगी।

8. स्लाइड शो शुरू करने के लिए **F5** प्रेस करिए। फ्लैश मूवी आसानी से चलेगी, जैसा दिखाया गया है।

क्या आपने ध्यान दिया कि फ्लैश में इंटरएक्टिव एलिमेंट्स जैसे बटन और एक्शन स्क्रिप्ट प्रोग्रामिंग सुरक्षित हैं और जिस प्रकार कार्य करना चाहिए, कर रहे हैं।

अतिरिक्त जानकारी : CD के लिए पैकेज", पावर पॉइंट व्यूअर

आप जानते हैं कि आप अपने पावर पॉइंट प्रेजेंटेशन में साउंड और मूवी इंसर्ट कर सकते हैं; लेकिन अपने प्रेजेंटेशन को अपने मित्र या टीचर को कैसे भेजेंगे। अगर आप सीधे प्रेजेंटेशन को कॉपी करते हैं तो यह दूसरे कंप्यूटर पर ठीक तरह से नहीं चलेगा। आपको पावर पॉइंट का एडवांस फीचर, जो पैकेज फॉर सी.डी. **(File > Package for CD...)** कहलाता है, का प्रयोग करना पड़ेगा। जो स्वत: प्रत्येक फाइल, जिसकी आपको प्रेजेंटेशन को चलाने के लिए आवश्यकता है, उसे एकत्रित करेगा और कैरी करेगा। यह साधारण विजर्ड है, जो सभी फाइलों को एकत्रित करती है और एक स्थान पर प्लेस करती है। आप तब ये फाइलें सी.डी. या पैन ड्राइव पर भेज सकते हैं। आपको डेस्टीनेशन कंप्यूटर पर पावर पॉइंट इंस्टॉल करने की आवश्यकता होगी। आप पावर पॉइंट व्यूअर माइक्रोसॉफ्ट साइट से डाउनलोड कर सकते हैं। अगर आपके पास **पावर पॉइंट व्यूवर** है तो डेस्टीनेशन कंप्यूटर पर आप प्रेजेंटेशन चलाने में सक्षम होंगे, अगर उसमें पावर पॉइंट नहीं भी इंस्टॉल है।

चेतावनी : पावर पॉइंट में एक्टिव × कंट्रोल

कृपया ध्यान रखिए, 'यह पैकेज फॉर सी.डी.' बहुत शक्तिशाली है, लेकिन यह एक्टिव कंट्रोल और इसके डेटा जैसी फ्लैश मूवी एकत्र नहीं करता। यह एक चेतावनी देता है, लेकिन फिर भी यह एक अच्छा फीचर है। अगर आप एक्टिव कंट्रोल का प्रयोग अपनी प्रेजेंटेशन में न करें।

याद करें

1. पावर पॉइंट केवल ये ही साउंड फाइल स्वीकार करता है **aiff, au, midi, wav, mp3, wma**
2. पावर पॉइंट केवल ये ही मूवी फाइलें स्वीकर करता है **mpg, mpeg, avi, wmv, asf**
3. **एक्टिवX कंट्रोल्स** एडवांस विकल्प देता है और पावर पॉइंट प्रेजेंटेशन में इंटरएक्टिविटी बढ़ाता है।
4. आप पावर पॉइंट में फ्लैश एनिमेशन और मूवीज इंसर्ट कर सकते हैं।
5. पैकेज फॉर CD पावर पॉइंट में प्रेजेंटेशन को चलाने के लिए सभी आवश्यक फाइलें भेजी जा सकती हैं।
6. पावर पॉइंट व्यूअर का प्रयोग पावर पॉइंट देखने के लिए किया जा सकता है, चाहे पावर पॉइंट इंस्टॉल न हो।

अभ्यास

(अ) निम्नलिखित प्रश्नों के उत्तर दीजिए—

1. पावर पॉइंट में क्लिक टाइम मूवी (.mov) इंसर्ट करने के लिए क्रम लिखिए।

   संकेत : पिछले अध्याय में पढ़े फॉरमेट कन्वर्टर का स्मरण करें।

2. एक swf फाइल इंसर्ट करने के लिए क्या क्रम है ?
3. अपने पावर पॉइंट प्रेजेंटेशन में साउंड फाइल इंसर्ट करने के लिए क्रम लिखिए।
4. एक्टिव कंट्रोल की संक्षिप्त व्याख्या कीजिए।
5. पावर पॉइंट में प्ले होनेवाली दो-दो ऑडियो और मूवी फाइलों के नाम लिखिए।

(ब) पावर पॉइंट प्रेजेंटेशन का निर्माण निम्नलिखित का प्रयोग करते हुए करिए—

1. सभी फ्लैश मूवी, बटन और एक्शन स्क्रिप्ट, जो हमने इस पुस्तक में निर्मित की है।
2. विंडोज मूवी मेकर में प्रयुक्त रॉ मूवी क्लिप।
3. विंडोज मूवी मेकर का प्रयोग करके आपके द्वारा निर्मित फाइनल एडिट वर्जन।

(स) गूगल का प्रयोग करके दूसरे फाइल फॉरमेट ढूँढ़िए, जो पावर पॉइंट स्वीकार कर सके। इन फॉरमेट्स और इनके विवरण की संक्षिप्त व्याख्या कीजिए। कौन सा फॉरमेट आप बहुत लोकप्रिय समझते हैं और क्यों ?

बहुविकल्पीय प्रश्न

निम्नलिखित चार विकल्पों में से सही विकल्प पर (✔) निशान लगाएँ।

1. निम्नलिखित में से कौन सा ऑडियो फॉरमेट पावर पॉइंट में इंसर्ट कर सकते हैं ?

अ. mp3 ब. avi

स. mov द. wmv

2. निम्नलिखित में से कौन सा वीडियो फॉरमेट पावर पॉइंट में इंसर्ट कर सकते हैं।

अ. mpg ब. wmv

स. asf द. उपर्युक्त सभी

3. फ्लैश मूवीज पावर पॉइंट में .... प्रयोग करके इंसर्ट कर सकते हैं।

अ. Control Toolbox > ActiveX Control > Shockwave Flash Object

ब. Insert > Movies and Sounds > Movie from File

स. अ और ब दोनों | द. इनमें से कोई नहीं

4. पावर पॉइंट में करेंट स्लाइड शो में से स्लाइड शो स्टार्ट करने के लिए.......... की बोर्ड कॉम्बिनेशन का प्रयोग करते हैं।

अ. F5 | ब. Ctrl + F5

स. Shift + F5 | द. इनमें से कोई नहीं

5. पावर पॉइंट यह मीडिया फाइल स्वीकार कर सकता है यह फाइल फॉरमेट.......... के लिए हैं।

अ. ऑडियो | ब. इंटरएक्टिव मीडिया

स. वीडियो/मूवी | द. इनमें से कोई नहीं

6. पावर पॉइंट यह मीडिया फॉरमेट स्वीकार कर सकता है—wma, mp3, au, aiff, midi. यह फाइल फॉरमेट.......... के लिए है।

अ. ऑडियो | ब. इंटरएक्टिव मीडिया

स. वीडियो/मूवी | द. इनमें से कोई नहीं

7. पावर पॉइंट फ्लैश फाइल स्वीकारकर सकता है। पावर पॉइंट में एक्टिव कंट्रोल प्रयोग करके.......... एक्सटेंशन फ्लैश फाइल इंसर्ट कर सकते हैं।

अ. .fla | ब. .flv

स. .swf | द. इनमें से कोई नहीं

8. पावर पॉइंट आपको अपने प्रेजेंटेशन में प्रयुक्त सभी फाइलें एकत्रित करने में सहायता कर सकता है। यह एडवांस फीचर पैकेज फॉर सी.डी.......... कहलाता है। कुछ फाइल फॉरमेट, जो पैकेज फॉर सी.डी. कलेक्ट कर सकता है।

अ. mpg, mp3 | ब. swf, mpg, mp3, wav

स. mov, 3gp, mpg, mp3 | द. इनमें से कोई नहीं

9. आपको अपने दोस्त को प्रेजेंटेशन देना है। कृपया गलत स्टेटमेंट को टिक करिए—

अ. अगर आपके दोस्त के कंप्यूटर में पावर पॉइंट इंस्टॉल नहीं हैं तो वह प्रेजेंटेशन को प्ले नहीं कर सकता है।

ब. अगर उसके कंप्यूटर में पावर पॉइंट नहीं है, वह मुफ्त में पावर पॉइंट व्यूअर डाउनलोड कर सकता है और आपके प्रेजेंटेशन को देख सकता है।

स. विंडोज XP प्रेजेंटेशन को स्वत: चला सकता है। उसे कोई परेशानी नहीं होगी, यद्यपि उसके कंप्यूटर में पावर पॉइंट या पावर पॉइंट व्यूअर इंस्टॉल नहीं है।

द. सभी स्टेटमेंट गलत हैं।

उत्तरमाला

अध्याय 1
(अ) रिक्त स्थान भरें—

1. डाउन स्टेट 2. अप स्टेट 3. एच.आई.टी.
4. ओवर स्टेट 5. Modify > Convert to symbol

बहुविकल्पीय प्रश्न
1. अ 2. ब 3. स 4. द

अध्याय 2
(अ) रिक्त स्थान भरें—

1. Ctrl+R 2. Ctrl+Shift+Up/Down
3. Ctrl+Enter 4. F9 5. एक्शन स्क्रीप्ट

बहुविकल्पीय प्रश्न
1. अ 2. स 3. ब 4. द 5. स 6. स 7. ब 8. अ

अध्याय 3
(अ) रिक्त स्थान भरें—

1. ओवरलोडेड ऑपरेटर 2. 28 3. वेरिएंट
4. हाँ/सही, नहीं/गलत 5. दिनांक 6. Null
7. जीरो-लेंथ स्ट्रींग

बहुविकल्पीय प्रश्न
1. द 2. अ 3. ब 4. स 5. द 6. ब 7. ब

अध्याय 4
(अ) रिक्त स्थान भरें—

1. कैप्शन 2. नाम 3. टेक्स्ट 4. प्रॉपर्टी
5. Windows or forms, controls 6. क्लिक 7. चेंज
8. एक क्लिक, डबल क्लिक, एक कीस्ट्रोक
9. डीक्लीरेशन सेक्शन 10. फॉर्म मॉड्यूल

बहुविकल्पीय प्रश्न
1. अ 2. ब 3. द 4. द 5. अ 6. ब 7. स

अध्याय 5
बहुविकल्पीय प्रश्न
1. ब 2. अ 3. स 4. अ 5. अ 6. अ 7. स

अध्याय 6
बहुविकल्पीय प्रश्न
1. स 2. ब 3. अ 4. ब

अध्याय 7
(अ) रिक्त स्थान भरें—

1. फुटेज 2. वीडियो एडिटिंग, फुटेज
3. विंडोज मूवी मेकर 4. WMV, AVI

बहुविकल्पीय प्रश्न
1. द 2. अ 3. स 4. ब 5. द

अध्याय 8
(अ) रिक्त स्थान भरें—

1. ट्रिम हैंडल्स 2. h, mm, ss, hs
3. मॉनिटर 4. स्टोरीबोर्ड, टाइमलाइन 5. ऑडियो

बहुविकल्पीय प्रश्न
1. अ 2. ब 3. स 4. ब 5. स 6. अ 7. ब

अध्याय 9
(अ) रिक्त स्थान भरें—

1. स्टॉर्ट कैप्चर 2. स्टॉप कैप्चर 3. वीडियो कैप्चर विजर्ड
4. Ctrl + I

बहुविकल्पीय प्रश्न
1. द 2. ब 3. स 4. ब 5. ब 6. द 7. द

अध्याय 10
(अ) रिक्त स्थान भरें—

1. क्लिप्स 2. स्टोरीबोर्ड/टाइमलाइन 3. सिक्वेंस
4. टाइमिंग 5. मॉनिटर

बहुविकल्पीय प्रश्न
1. द 2. स 3. ब 4. अ 5. ब

अध्याय 11
1. वीडियो ट्रांजिशंस 2. इनबिल्ट ट्रांजिशंस 3. वीडियो इफेक्ट्स
4. इफेक्ट 5. टाइटिल्स, क्रेडिट्स

बहुविकल्पीय प्रश्न
1. द 2. द 3. द 4. द 5. अ 6. ब 7. अ

अध्याय 12
(स) रिक्त स्थान भरें—

1. Ctrl+P 2. सेव मूवी/फिनिश मूवी
3. मूवी टॉस्क पेन

बहुविकल्पीय प्रश्न
1. अ 2. स 3. द 4. स

अध्याय 13
(अ) रिक्त स्थान भरें—

1. स्टॉर्ट टू ट्रीम 2. स्टॉप टू ट्रीम 3. प्ले 4. पाउज
5. स्टॉप 6. होम 7. एंड

(ब) निम्नलिखित का मैच करिए—

1. स 2. छ 3. ज 4. अ 5. ब 6. च 7. द

बहुविकल्पीय प्रश्न
1. अ 2. द 3. अ 4. अ 5. अ

अध्याय 14
(अ) रिक्त स्थान भरें—

1. डॉट
2. कैप्चर वीडियो, ऐडिट मूवी, फिनिश मूवी
3. वीडियो, पिक्चर, ऑडियो
4. वीडियो इफेक्ट्स, वीडियो ट्रांजिशन, टाइटिल्स या क्रेडिट्स
5. वीडियो इफेक्ट, ट्रांजिशन
6. वीडियो इफेक्ट

बहुविकल्पीय प्रश्न
1. स 2. अ 3. ब 4. स 5. द 6. अ 7. द
8. ब 9. अ

अध्याय 15
बहुविकल्पीय प्रश्न
1. अ 2. द 3. अ 4. द 5. स 6. अ 7. स 8. अ 9. स 9. c